ANNE DUFOU

9 MOIS À TABLE

NOURRIR

LA MAMAN

ET SON BÉBÉ

PENDANT

9 MOIS

LEDUC.S
EDITIONS

DES MÊMES AUTEURS

Almanach santé, Leduc.s, 2004.
100 recettes vapeur, Leduc.s, 2004.
Les oméga 3 au menu, Leduc.s, 2004.

Ouvrages d'Anne Dufour
Aliments santé, Guide pratique, Leduc.s, 2003.
30 bons plans anti-kilos, Leduc.s, 2004.
Les 10 commandements pour bien manger, Leduc.s, 2004.

Collection « Aliments santé »
Mincir Protéines, Leduc.s, 2003.
En forme si je veux, Leduc.s, 2003.
À votre bon cœur, Leduc.s, 2004.
Diabétique et gourmand, Leduc.s, 2004.

Avec Danièle Festy
La révolution des oméga 3, Leduc.s, 2004.

© 2005 LEDUC.S Éditions
50, rue de Plaisance
75014 Paris – France
E-mail : infos@leduc-s.com
Web : www.leduc-s.com
ISBN : 2-84899-049-X

SOMMAIRE

INTRODUCTION

La santé du futur bébé dépend de celle de sa maman qui, elle, découle de son assiette. En une phrase, l'essentiel est dit : le développement du bébé résulte, du moins en grande partie, de l'alimentation de sa mère. Reste à intégrer les grandes lignes de cette nouvelle donne alimentaire. C'est tout simple, très gourmand et souvent malin, pour ravitailler tant le bébé que la maman, tout en protégeant cette dernière des petits tracas quotidiens liés à la grossesse. Et nul ne vous empêche de réclamer des fraises au milieu de la nuit, mais seulement en saison, soyez raisonnable : elles sont tellement meilleures !

DEUX FOIS MIEUX

Avant d'entrer dans le vif du sujet, quelques mots sur le thème des quantités. Non, il n'est pas question de manger pour deux, et encore moins comme deux : le but est de manger deux fois mieux. Mais vous possédez déjà certainement les notions fondamentales : vous regardez d'un œil bienveillant les fruits et légumes, êtes consciente qu'il est nécessaire d'équilibrer vos menus, savez que la cigarette, totalement interdite, pervertit le goût et que l'arrêt du tabac vous porte naturellement vers des plats plus équilibrés, refusez énergiquement la moindre goutte d'alcool. Voilà, nul besoin de répéter des conseils évidents : l'hygiène de vie est naturellement propice au développement de votre enfant. Mais, curieuse, vous voulez en savoir plus, et c'est bien légitime. Vous vous demandez comment ne pas prendre trop de poids pendant vos 9 mois, quels aliments caleront votre appétit, quels autres apaiseront vos nausées, comment être sûre de fournir au bébé ce dont il a besoin pour faire ce qu'il a à faire, c'est-à-dire tout : partir de rien pour devenir un petit être humain. L'éclosion de la vie a beau être fascinante et obstinée, elle a ses exigences.

12 KILOS DE VALEUR AJOUTÉE !

Parmi les impératifs prévus par la nature figure la prise de poids. Elle est aussi redoutée que parfaitement normale, à condition de rester dans certaines limites. 12 kilos sur 9 mois, c'est une moyenne correcte. 8 kilos, c'est vraiment le minimum, et 16 kilos est le seuil maximum à ne pas dépasser. C'est que ces 9 mois ressemblent à un véritable marathon pour la maman, et il n'est pas question de partir dans cette aventure sans réserves. Ce n'est pas parce que dans les premières semaines vous semblerez miraculeusement épargnée par ces « kilos grossesse » que vous y échapperez totalement. Votre bébé ne se construit pas à partir de rien ! Il a besoin d'infrastructure : service de fret et de sécurité, amortisseurs et véritables nappes phréatiques rien que pour lui ! Ainsi, le poids que vous prenez (et perdrez ensuite !) se répartit en croissance du fœtus (3 kg), eau (rétention de 2 kg), réserves de graisses en vue de l'allaitement (2 kg), sang (1,5 kg), seins et paroi utérine (1,5 kg), liquide amniotique (1,5 kg), placenta (1,5 kg).

Ce gros œuvre, c'est vous qui le mettez en place, et d'ailleurs l'ensemble des travaux est sous votre res-ponsabilité. Dans 9 mois, vous pourrez clamer : « C'est moi qui l'ai fait ! ».

AVANT, PENDANT, APRÈS

Le mariage sacré de l'assiette et de la grossesse s'étend bien au-delà des fameux 9 mois au terme desquels un nouveau membre agrandit le cercle familial. En effet, la phase de préconception (c'est-à-dire juste avant de tomber enceinte) est extrêmement importante pour le futur développement du fœtus, car durant les toutes premières semaines de grossesse, le minuscule être ingurgite des quantités phénoménales de vitamines, minéraux et substances diverses. Et il est rare que la maman soit au courant… Ce pillage en règle se fait en quelque sorte à « l'insu de son plein gré », car bien souvent, ce n'est qu'à l'issue de ces poignées de jours qu'elle se rend compte qu'elle n'est « plus toute seule », qu'elle abrite un microscopique bout de chou. Toutes les femmes qui désirent concevoir devraient donc être attentives à leur alimentation « au cas où », ne serait-ce que pour optimiser leur fertilité. Si vous arrêtez votre moyen de contraception (la pilule par exemple), profitez des 3 mois suivants pour rééquilibrer vos menus et faire le plein en certaines vitamines, précieuses parmi les précieuses. En gros, appliquez les recommandations du 1er trimestre figurant dans ce livre, c'est essentiel, et en plus cela permet de prendre de bonnes habitudes pour la suite !

Ce conseil est d'ailleurs tout aussi valable pour le papa qui, rappelons-le, doit fournir un nombre impressionnant de spermatozoïdes dans une forme olympique. Où croyez-vous que ces derniers puisent leur énergie ?

1er TRIMESTRE

C'EST PARTI !

MAMAN – Aucun doute, un spermatozoïde plus rapide, plus fort et plus malin que les autres a atteint son but : vous êtes enceinte. Dans les toutes premières semaines, vous pouvez ressentir une fatigue inhabituelle et avoir l'impression d'attendre vos règles en permanence : seins tendus, humeur délicate… En fait, les grandes manœuvres hormonales se mettent en place, avec une cascade de répercussions sur le corps et le psychisme.

ET MOI ? – *Ce n'est pas parce que mon développement réclame 38 semaines que je ne fais rien pendant tout ce temps ! Au contraire, dès les premières secondes, je m'active. À la fin du premier trimestre, je suis déjà entièrement formé. Mes organes se sont développés à une vitesse inouïe, et je suce déjà mon pouce à la treizième semaine ! Mais n'allez pas croire que je suis en vacances : il me reste 2 trimestres pour affiner ma plastique (vous auriez peur si vous me voyiez maintenant), mettre en route les organes, développer mes sens, et… prendre du poids si je veux me faire remarquer. Un travail de forçat, je vous dis. Tout ça réclame du temps, mais Paris ne s'est pas fait en un jour non plus.*

UN BON COUP DE FOURCHETTE – C'est peut-être le trimestre le plus important d'un point de vue nutritionnel. C'est maintenant et pas plus tard que les organes se forment, que les membres, muscles et os se mettent en place. La maman a fort à faire, entre la fabrication du

bébé et la consolidation de son environnement ! Les
besoins en fer et en vitamine B9 sont multipliés, mais
heureusement le corps s'adapte et assimile mieux ces
éléments. C'est que le fer permettra au sang de bien
acheminer l'oxygène au placenta et donc au bébé,
tandis que la B9 est essentielle à son développement
nerveux. Et ce n'est pas le moment de se lancer dans
un régime sans protéines : ces dernières sont les che-
villes ouvrières de toute cette phase.

LES 10 POINTS FORTS

1. Améliorez la densité en vitamines et minéraux de
   votre alimentation ; globalement, plus de produits
   végétaux, moins de produits animaux.
2. Supprimez totalement l'alcool. TOTALEMENT.
3. Faites au moins 3 repas par jour, ou 4 (manger peu
   et souvent apaise les nausées).
4. Prenez l'habitude des protéines au petit déjeuner :
   jambon, œuf, fromage de chèvre, comme vous voulez.
5. Buvez des eaux minérales « utiles », surtout en de-
   hors des repas.
6. Évitez les plats industriels et boissons diverses
   (sucrées, salées…).
7. Adoptez les bons réflexes pour les corps gras : du
   beurre le matin, de l'huile de colza et d'olive.
8. Ne grignotez pas entre les repas, surtout des sucres rapides (bonbons, biscuits, sucreries
   diverses).
9. En cas de petite faim, hop ! quelques fruits secs
   (pruneaux, abricots…) et oléagineux (amandes,
   noisettes…).
10. 5 fruits et légumes frais par jour (2 légumes et
    3 fruits, ou l'inverse). C'est votre mantra du trimestre !

PRINCIPES ET QUANTITÉS ADAPTÉS À CES 3 MOIS

Chaque jour, vous devez consommer :

FAMILLE D'ALIMENTS	QUANTITÉS	TOP DES MEILLEURS
CÉRÉALES COMPLÈTES	1 à 2 à chaque repas	Pain complet (ou aux céréales), farine/pâtes/riz complet, quinoa, avoine.
LÉGUMES ET FRUITS FRAIS	3 légumes et 2 fruits (ou l'inverse)	Tous du moment qu'ils sont nature et si possible, très colorés (les pigments sont très protecteurs). Pensez aux choux (riches en calcium).
POISSON OU LÉGUMES SECS (OU VIANDE MAIGRE)	1 au déjeuner et dîner	Saumon, sardine, maquereau, cabillaud, ou lentilles, soja, haricots secs, pois cassés.
ALIMENTS RICHES EN VITAMINE B9	1 à chaque repas	Salade verte (feuilles vert foncé), épinards, pâté de foie, jaune d'œuf, noisettes, noix, avocat.
EAU MINÉRALE	1,5 l	Contrex, Hépar, Courmayeur (pour le magnésium et le calcium).

À TABLE !

Il est temps de s'y mettre !

En cuisine, rapidement et sans stress : toutes nos recettes sont simples, vite faites et faciles à réaliser.

À table, joyeusement et sans remords : du petit déjeuner au dîner en passant par les en-cas indispensables, vous n'avez que l'embarras du choix entre des plats et des préparations qui vous font du bien et vous apportent exactement ce dont vous avez besoin.

Pour quelques mois encore, votre famille mange en couple. Les proportions sont donc prévues pour 2 personnes, les repas à partager avec le futur papa. Seuls les goûters se déclinent au singulier, car ceux-là, vous les prendrez sûrement seule.

Bon appétit !

Comprenez :
- c. à s. : cuillère à soupe
- c. à c. : cuillère à café

PETITS DÉJEUNERS

Cocktail réveil

3 fruits de saison au choix, en plus des 2 oranges : une petite marge pour laisser libre cours à votre imagination, ou à vos envies. Variez pour ne pas vous lasser. En été, fraises, framboises, groseilles (100 g en tout), ou bien abricot, pêche, melon (une moitié suffira)... En automne, 1 grappe de raisin, 2 figues, 1 pomme ou 1 poire... En hiver, 1 banane, 1 pomme, quelques litchis dénoyautés... Et si vous êtes sujette aux nausées matinales, faites-vous servir au lit, et dégustez ce cocktail avant de vous lever. Profitez-en : c'est « votre état » qui l'exige !

Pour 2 personnes
Préparation : 6 min
Cuisson : Aucune
Ingrédients :
2 oranges
3 fruits de saison au choix
2 yaourts de brebis ou de soja
2 c. à c. de miel
1 c. à c. de vanille liquide

Pelez les fruits et coupez-les en morceaux.

Mixez-les avec les yaourts, le miel et la vanille, pour obtenir un mélange bien homogène.

Dégustez un peu frais, accompagné de quelques tranches de pain complet grillées et beurrées.

C'est bon... à savoir

Que de vitamines et de minéraux dans ce cocktail-là ! Et quelques protéines en plus dans le yaourt, qu'il soit à base de lait ou de soja. Un mélange idéal pour commencer la journée. Un peu léger toutefois pour un petit déjeuner complet. Si vous ne vous sentez pas d'avaler quoi que ce soit d'autre tout de suite, pensez à prendre un petit en-cas (p. 34 et suivantes) vers 10 h.

Pancakes aux noisettes

Une bonne odeur dans la cuisine, des petites crêpes tendres au goût très doux : même les estomacs les plus fragiles n'y résisteront pas ! Si vous n'avez pas le cœur de vous mettre aux fourneaux dès le petit matin, préparez la pâte la veille, et gardez-la au réfrigérateur pendant la nuit. Elle sera parfaite à votre réveil. Pour le plein de vitamines, accompagnez ces pancakes d'une salade ou d'un jus de fruits.

Pour 2 personnes
Préparation : 10 min
Cuisson : 4 min
Ingrédients :
1 œuf riche en oméga 3
25 g de noisettes en poudre
10 g de noisettes
40 g de farine complète
20 g de sucre complet
2 c. à s. de miel liquide
10 cl de lait d'amande (en boutique spécialisée ou rayon bio)
2 c. à s. d'huile d'olive vierge
sel gris

Chauffez doucement le lait d'amande. Fouettez énergiquement l'œuf et le sucre pour obtenir un mélange bien mousseux.

Ajoutez-y peu à peu la farine, la poudre de noisettes et un peu de sel. Incorporez enfin le lait tiède. La préparation doit avoir la consistance d'une pâte à crêpes un peu épaisse. Terminez par l'huile et mélangez encore.

Concassez les noisettes, plongez-les dans le miel et chauffez le tout très légèrement.

Chauffez doucement une poêle à blinis pour faire cuire les pancakes 2 minutes sur chaque face.

Servez-les sans attendre, arrosés de miel aux noisettes.

C'est bon... à savoir

Les noisettes renferment une quantité tout à fait appréciable de fer et de vitamine B9. Ça tombe bien, non ? Et avec la vitamine C du jus ou de la salade de fruits, vous assimilerez nettement mieux le premier. En bonus, la noisette est une bombe de vitamine E, LA vitamine de la fertilité et du développement harmonieux du fœtus.

ENTRÉES

Craquantes lentilles en salade

Magique cuisson vapeur, qui laisse aux lentilles leurs tendres rondeurs sans jamais les transformer en purée ! Accompagnées de leurs petits légumes croquants, celles-ci jouent les contrastes de textures et de saveurs, pour apporter leurs bienfaits en refusant la banalité. Préférez les lentilles vertes du Puy, plus délicates et mieux parfumées.

Pour 2 personnes
Préparation : 20 min
Cuisson : 30 min
Ingrédients :
1 bulbe de fenouil
1 petite botte de radis
2 échalotes
1 branche de céleri
250 g de lentilles
2 c. à s. d'huile de colza
1 c. à s. d'huile d'olive vierge
1 c. à s. de vinaigre balsamique
1 c. à c. de moutarde
sel gris, poivre

Chauffez 1 litre d'eau dans le bas d'un cuit-vapeur. Déposez les lentilles dans le panier, fermez et laissez cuire pendant 30 minutes.

Pendant ce temps, rincez le fenouil, les radis et le céleri, pelez les échalotes, puis taillez-les tous en julienne (fins bâtonnets).

Délayez la moutarde dans le vinaigre, puis émulsionnez avec les huiles, du sel et du poivre. Versez cette vinaigrette sur les lentilles tièdes, ajoutez les légumes, mélangez bien.

Servez sans trop attendre.

C'est bon... à savoir

Avec le fenouil, on nage dans la vitamine B9. C'est très exactement ce qu'il vous faut. En outre, ses propriétés digestives ne devraient pas vous déplaire, en ces temps de nausées potentielles...

Mousseline de verdure

Bien sûr, cette soupe peut se déguster classiquement chaude et fumante. Mais ses arômes subtils s'accommodent tellement bien de la fraîcheur qu'il serait dommage de ne pas l'essayer en entrée rafraîchissante et légère, au début d'une belle soirée de printemps. Gardez les radis pour l'entrée de votre prochain repas, simplement accompagnés de tranches de pain complet grillées légèrement tartinées de beurre salé.

Pour 2 personnes
Préparation : 7 min
Cuisson : 15 min
Ingrédients :
2 cœurs de laitue
60 g d'épinards
60 g d'oseille
les fanes d'une botte de radis
1 oignon
1 gousse d'ail
1 bouquet de ciboulette
2 c. à s. de crème végétale
50 cl de bouillon de volaille
2 c. à s. d'huile d'olive vierge
sel gris, poivre

Pelez et hachez l'oignon et l'ail. Chauffez l'huile dans une cocotte pour les faire revenir pendant 5 minutes.

Lavez la salade, les épinards, l'oseille et les fanes de radis puis essorez-les. Ajoutez-les dans la cocotte en mélangeant bien. Salez, poivrez, mouillez de bouillon, portez à ébullition puis laissez mijoter à couvert pendant 10 minutes en remuant de temps en temps.

Laissez refroidir puis réservez au réfrigérateur pendant 2 heures.

Mixez la soupe avec la crème et la moitié de la ciboulette.

Servez sans attendre, parsemée du reste de la ciboulette ciselée.

C'est bon... à savoir

Laitue, épinard, oseille, encore un trio « vitamine B9 » impressionnant. Quand on sait que cette vitamine sert à la formation des globules rouges et à la division cellulaire (c'est-à-dire la phase qui permet à la « masse » de départ de devenir un petit bonhomme), on mesure toute son importance.

Pochade méditerranéenne

Plongés quelques petites minutes dans la cocotte, les œufs doivent rester bien moelleux pour pouvoir se laisser crever dans l'assiette. Ne les oubliez surtout pas sur le feu une fois qu'ils sont incorporés dans la soupe : ils deviendraient trop fermes et l'effet serait raté !

Pour 2 personnes
Préparation : 15 min
Cuisson : 40 min
Ingrédients :
150 g de tomates
150 g de pommes de terre nouvelles
1 oignon
1 branche de basilic
1 branche de thym
1 feuille de laurier
2 œufs riches en oméga 3
75 cl d'eau minérale (Contrex, Hépar, Courmayeur)
2 c. à s. d'huile d'olive vierge
1 dose de safran
sel gris, poivre

Incisez la peau des tomates et plongez-les dans de l'eau bouillante pendant 1 minute pour pouvoir les peler facilement. Égouttez-les puis coupez-les en quartiers, épépinez-les et concassez-les.

Rincez les pommes de terre et débitez-les en cubes.

Épluchez et émincez l'oignon. Chauffez l'huile dans une cocotte pour les blondir pendant 3 minutes. Ajoutez le thym, le laurier, du sel et le safran, puis les tomates et comptez 2 minutes en mélangeant bien. Terminez par les pommes de terre et l'eau puis laissez mijoter 30 minutes après l'ébullition.

Cassez les œufs l'un après l'autre dans la cocotte. Couvrez pendant 4 à 5 minutes, le temps que le blanc soit juste pris.

Déposez-en un dans chaque assiette, versez la soupe par-dessus et servez sans attendre.

Parsemez de poivre et de basilic ciselé, accompagnez de tranches de pain complet grillées.

C'est bon... à savoir

Le goût très marqué des eaux minérales riches en magnésium et calcium déplaît parfois aux sensibilités exacerbées d'une future maman. Noyées dans la soupe, elles apportent discrètement leurs minéraux, sans se faire remarquer.

Raffinée de chou

Vous craignez la force du chou ? Ce potage crémeux vous séduira par sa douceur. Les saveurs mêlées de trois variétés différentes de ce même légume, la note légèrement sucrée du lait d'amande, le caractère à peine évoqué de la muscade, viennent créer un équilibre subtil et inattendu. Le fenouil et ses propriétés antifermentation assurent une digestion tout en douceur. Voila une assiette qui « passe » toute seule !

Pour 2 personnes
Préparation : 10 min
Cuisson : 20 min
Ingrédients :
200 g de bouquets de chou-fleur
200 g de brocolis
200 g de chou vert
1 bulbe de fenouil
1 oignon
1 gousse d'ail
quelques brins de persil
15 cl de crème végétale
50 cl de lait d'amande (en boutique spécialisée ou en rayon bio)
1 c. à c. de muscade râpée
2 c. à s. d'huile d'olive vierge
sel gris, poivre

Pelez et hachez l'oignon et l'ail. Chauffez l'huile dans une cocotte pour les faire revenir pendant 5 minutes.

Chauffez 50 cl d'eau dans le bas d'un cuit-vapeur. Rincez les choux, séparez les bouquets, coupez les feuilles en grosses lanières. Lavez et émincez le fenouil, puis placez le tout dans le panier. Fermez et laissez cuire pendant 15 minutes.

Mixez ensuite les choux en purée avec le lait et la crème, salez, poivrez, ajoutez la muscade.

Réchauffez le potage pendant 5 minutes et servez, parsemé du persil ciselé.

C'est bon... à savoir

On sait : on vous a déjà vanté les bienfaits de la B9, et ce n'est pas fini. Généreusement offerte par les choux, elle s'entoure ici d'une réserve magistrale de vitamines C et E, ainsi que de calcium, de magnésium et de fibres, toutes substances vraiment importantes pour votre santé et celle de votre bébé. D'ailleurs, ces derniers naissent dans les choux, c'est bien connu !

Taboulé printanier de quinoa

*Gagnez du temps ! Épluchez les fèves pendant la cuisson du quinoa.
Si vraiment cette opération (très simple mais un peu longue) vous
paraît trop fastidieuse, ne refusez pas la facilité : choisissez-les surgelées et déjà toutes pelées, mais toujours nature et non
accommodées. Et ne changez rien aux temps de cuisson !*

Pour 2 personnes
Préparation : 20 min
Cuisson : 15 min
Ingrédients :
50 g de fèves fraîches
2 tomates
1 citron vert
1 petit bouquet de persil plat
20 g de quinoa
2 c. à s. d'huile de colza
1 c. à s. d'huile d'olive vierge
sel gris

Chauffez 50 cl d'eau dans le bas d'un cuit-vapeur. Déposez les fèves dans le panier, fermez et laissez cuire pendant 10 minutes, puis épluchez-les.

Plongez le quinoa dans 2 fois son volume d'eau froide salée. Portez à ébullition, couvrez et comptez 15 minutes de cuisson, jusqu'à ce que les grains aient tous éclaté. Laissez gonfler encore pendant 5 minutes, hors du feu et à couvert.

Pendant ce temps, rincez les tomates et coupez-les en petits dés, hachez le persil. Mélangez-les au quinoa tiède, ajoutez les fèves.

Arrosez le taboulé de l'huile et du jus de citron. Réservez au réfrigérateur pendant au moins 2 heures.

Servez frais.

C'est bon... à savoir

*Le grand truc de la fève, c'est le fer. Et comme elle apporte aussi de
la vitamine C, le premier est correctement assimilé. Or, la maman a
besoin de plus de fer en raison de l'augmentation du volume sanguin
et du développement du placenta.*

PLATS

Escalopes panées à l'estragon

Soignez votre présentation, et ne cédez pas à l'appel de la chapelure toute faite… avec on ne sait pas bien quoi ! Fabriquez-la vous-même : c'est très simple, encore plus rapide et bien meilleur. Il suffit de réduire en poudre fine, en les mixant ou en les écrasant dans un petit sac en plastique bien fermé, 2 tranches de pain complet rassis. C'est tout !

Pour 2 personnes
Préparation : 10 min
Marinade : 30 min
Cuisson : 4 min
Ingrédients :
2 citrons
1 petit bouquet d'estragon frais
2 escalopes de dinde
60 g de chapelure
2 c. à s. d'huile d'olive vierge
sel gris, poivre

Pressez un citron et émincez son zeste. Coupez l'autre en rondelles. Hachez l'estragon et réservez-en 2 c. à s. pour la décoration.

Préparez une marinade avec 2 c. à s. d'huile, le jus et le zeste du citron, l'estragon haché, du sel et du poivre. Enduisez les escalopes de cette préparation, puis laissez-les reposer pendant 30 minutes.

Roulez-les alors dans la chapelure, puis chauffez le reste de l'huile dans une poêle pour les dorer pendant 2 minutes sur chaque face.

Servez décoré de l'estragon réservé et de rondelles de citron.

C'est bon… à savoir

La dinde n'est pas si bête : elle nous apporte des protéines extra maigres, et ses quelques pauvres grammes de graisses sont en plus des bonnes graisses ! Et allez, on n'y résiste pas : c'est aussi une très bonne source de vitamines B, et vous savez tout le bien qu'on en pense…

Cabillaud bonne femme

Pommes de terre en sauce sucrée, poisson léger très parfumé : ce plat complet simple à réaliser cache sous des airs classiques des notes de saveurs fort sympathiques. Ne prolongez pas la cuisson : les légumes s'écraseraient et le cabillaud s'émietterait. Si elle doit attendre, gardez cette mijotée au chaud dans un récipient fermé, au-dessus d'un bain de vapeur très douce.

Pour 2 personnes
Préparation : 15 min
Cuisson : 45 min
Ingrédients :
2 tranches de cabillaud
400 g de pommes de terre
120 g de petits oignons blancs
3 gousses d'ail
1 feuille de laurier
quelques brins de persil
10 cl de jus de pomme
2 c. à s. d'huile d'olive vierge
1 pincée de muscade râpée
sel gris, poivre

Rincez les pommes de terre et coupez-les en gros cubes. Épluchez et émincez l'ail.

Pelez les petits oignons. Chauffez l'huile dans une cocotte pour les blondir pendant 3 minutes. Ajoutez les pommes de terre et laissez-les revenir en mélangeant bien pendant 6 à 7 minutes.

Complétez avec l'ail, la muscade et le laurier. Salez, poivrez, mouillez du jus de pomme et de 10 cl d'eau, puis couvrez et comptez 20 minutes de cuisson à feu doux.

Déposez le poisson dans la cocotte et laissez encore mijoter le tout pendant 15 minutes.

Servez parsemé de persil ciselé.

C'est bon... à savoir

Non, n'épluchez pas les pommes de terre ! Leur peau renferme de nombreux minéraux dont il serait vraiment dommage de se priver. Si vous ne supportez pas de l'avaler, ôtez-la au moins après cuisson, dans votre assiette. Elle aura déjà sauvegardé une partie desdits minéraux, cachés dans le tubercule lui-même. Mais si la peau est verte, épluchez ou, mieux, ne consommez pas cette pomme de terre.

Lapin du Sud

Une légèreté toute méditerranéenne, à déguster été comme hiver, et à marier, selon vos envies, avec des Aubergines garnies (p. 24), un Pilaf d'orge aux légumes (p. 90) ou des pâtes complètes agrémentées de sauce tomate au basilic.

Pour 2 personnes
Préparation : 15 min
Cuisson : 15 min
Ingrédients :
2 râbles de lapin
1 oignon
1 gousse d'ail
60 g d'olives noires
10 g de farine type 110
15 cl de bouillon de volaille
4 c. à s. d'huile d'olive vierge
2 c. à c. d'herbes de Provence
sel gris, poivre

Détaillez la chair du lapin en gros cubes. Salez, poivrez et farinez-les.

Épluchez et hachez l'ail puis mêlez-le aux herbes de Provence.

Pelez et émincez l'oignon. Chauffez l'huile dans une sauteuse pour le dorer pendant 2 à 3 minutes. Ajoutez le lapin et laissez encore revenir le tout pendant 2 minutes.

Mouillez du bouillon, complétez avec les olives et l'ail aux herbes. Mélangez, portez à ébullition puis couvrez et laissez mijoter pendant 15 minutes.

Servez chaud.

C'est bon… à savoir

Ce lapin, chaud comme il se doit, apprécie les olives. Votre corps aussi, qui bénéficie des oméga 3 du premier et d'autres bons gras des secondes… Oui forcément, les olives sont aussi bonnes pour la santé que l'huile d'olive. La différence cependant réside dans une teneur en sel parfois record. Cherchez les olives les moins salées possible, c'est mieux.

Riz de la mer en gratin

Pour ôter le sable des coques, plongez-les dans de l'eau salée avec 1 jus de citron pendant au moins 1 ou 2 heures. Brassez-les régulièrement, en renouvelant l'eau de temps en temps. Elles vont s'entrouvrir et expulser le sable contenu à l'intérieur. Rincez-les enfin soigneusement.

Pour 2 personnes
Préparation : 40 min
Cuisson : 40 min
Ingrédients :
500 g de coques
500 g de moules
400 g de fenouil
3 échalotes
1 gousse d'ail
une dizaine de brins de persil
100 g de riz complet
2 c. à s. de crème végétale
3 c. à s. d'huile d'olive vierge
1 c. à s. d'anis en poudre
sel gris, poivre

Plongez le riz dans de l'eau bouillante salée pendant 20 minutes puis égouttez-le.

Portez 50 cl d'eau à ébullition dans un cuit-vapeur. Rincez les fenouils, détaillez-les en grosses lanières. Placez celles-ci dans le panier, couvrez et comptez 15 minutes de cuisson.

Lavez les coques, grattez les moules. Pelez l'ail et les échalotes puis hachez-les. Chauffez 2 c. à s. d'huile pour les dorer pendant 5 minutes. Saupoudrez d'anis, mouillez de 10 cl d'eau, laissez mijoter 5 minutes.

Ajoutez les moules, prélevez-les au fur et à mesure qu'elles s'ouvrent. Remplacez-les par les coques pour les ouvrir à leur tour. Décoquillez-les.

Préchauffez le four à 150° (th. 5). Filtrez le jus des coquillages, chauffez-le. Incorporez la crème en fouettant, poivrez, ajoutez le persil haché.

Étalez le riz dans un plat à gratin huilé, puis les coquillages et le fenouil. Nappez de sauce puis enfournez pendant 10 minutes et servez chaud.

C'est bon... à savoir

Avec les coques et les moules, on remplit ses stocks de minéraux (surtout le calcium et le fer). Le fer, vous le savez, est bon pour ce que vous avez, et le calcium est « importantissime » lui aussi : le fœtus s'en approprie un bon paquet lors du premier trimestre.

Sardines anisées

Profitez des propriétés antifermentation de l'anis pour accompagner ces sardines de Choux sautés (p. 87). Cette association savoureuse sera très digeste.

Ces papillotes s'accommodent très bien aussi d'une cuisson à la vapeur, en 10 minutes à partir du moment où l'eau bout, et supportent parfaitement d'être dégustées refroidies, leur contenu simplement déposé sur un plat de riz complet.

Pour 2 personnes
Préparation : 5 min
Cuisson : 12 min
Ingrédients :
6 sardines fraîches
4 branches de basilic
2 c. à s. d'huile d'olive vierge
1 c. à c. de graines d'anis
1 c. à s. d'anis vert en poudre
sel gris, poivre

Demandez à votre poissonnier d'étêter, d'écailler et de vider les sardines.

Préchauffez le four à 210° (th. 7). Glissez quelques graines d'anis à l'intérieur de chaque poisson.

Préparez 2 grands carrés de papier sulfurisé. Déposez 3 sardines au centre de chacun d'eux puis refermez bien hermétiquement en papillotes et enfournez le tout pendant 12 minutes.

Servez au sortir du four, parsemé de basilic ciselé.

C'est bon... à savoir

Parmi tous les poissons dits « gras » (c'est-à-dire en fait plein de très, très bons oméga 3 !), il n'y a pas mieux que la sardine. Nettement plus digestes ici qu'en version serrée dans une boîte à l'huile, ces célèbres oméga 3 sont extrêmement importants pour mener à bien une grossesse et prévenir le retard de croissance dans l'utérus, deux points délicats à surveiller avec la plus grande attention. Des études prouvent que les mamans moins gourmandes de poissons risquent plus de « pépins » que les autres.

Saumon façon sandwich

Oubliez que vous avez pu trouver la chair du saumon trop sèche à votre goût. Celui-ci, tout imbibé de jus de raisin et de pruneaux, n'est que tendresse et parfum inimitable. Délicatement parfumé, savamment relevé, il ne souffre que d'une cuisson trop longue. Enfournez-le au début du repas, il sera juste à point quand vous aurez terminé l'entrée.

Pour 2 personnes
Préparation : 15 min
Cuisson : 20 min
Ingrédients :
300 g de filet de saumon (2 tranches épaisses)
100 g d'oignons
1 citron
quelques brins de ciboulette
40 g de noix
180 g de pruneaux
10 cl de jus de raisin blanc
3 c. à s. d'huile d'olive vierge
1 c. à c. de cannelle en poudre
sel gris, poivre

Préchauffez le four à 210° (th.7).

Coupez les tranches de saumon en deux dans la longueur. Concassez les noix, dénoyautez les pruneaux.

Pelez et émincez l'oignon. Chauffez 2 c. à s. d'huile dans une sauteuse pour les blondir pendant 3 minutes. Ajoutez les pruneaux et la cannelle. Salez, poivrez. Mouillez des trois quarts du jus de raisin. Couvrez, laissez mijoter pendant 5 à 6 minutes, en remuant de temps en temps puis incorporez les noix, et mélangez encore 1 minute.

Rincez le citron et détaillez-le en fines rondelles puis rangez celles-ci dans un plat à gratin. Déposez 2 morceaux de poisson par-dessus et tartinez-les de la préparation aux pruneaux. Couvrez des deux tranches de saumon restantes, comme pour bâtir des sandwiches. Arrosez d'un filet d'huile.

Versez le reste du jus de raisin et 2 c. à s. d'eau dans le fond du plat, puis enfournez pendant 10 minutes.

Servez décoré de la ciboulette ciselée.

C'est bon... à savoir

Revoilà nos chers oméga 3 ! Ils se déguisent ici en filet de saumon, ce qui n'est pas pour déplaire aux gastronomes ! Et un bon statut maternel en oméga 3 réduit le risque de prééclampsie, une complication grave et encore trop répandue de la grossesse.

CÉRÉALES ET LÉGUMES

Aubergines garnies

N'épluchez pas les aubergines : elles se tiendront mieux à la cuisson. Mais une fois à table, ne mangez pas leur peau, parfois mal tolérée. Avec une petite cuillère, vous prélèverez aisément la garniture que vous dégusterez comme une gourmandise.

Pour 2 personnes
Préparation : 30 min
Cuisson : 30 min
Ingrédients :
1 grosse aubergine
1 oignon
150 g de tomates
1 carotte
50 g de champignons
quelques brins de persil
2 c. à s. d'huile d'olive vierge
1 pincée de muscade râpée
sel gris, poivre

Lavez l'aubergine, essuyez-la puis coupez-la en 2 dans le sens de la longueur et évidez-la en gardant 1 cm de chair sur la peau.

Plongez les deux moitiés 10 minutes dans une grande casserole d'eau bouillante salée, puis égouttez-les.

Préchauffez le four à 210° (th.7).

Rincez les tomates, coupez-les en 4 et épépinez-les. Grattez la carotte, pelez l'oignon puis débitez-les en grosses rondelles. Épluchez les champignons, hachez le persil. Mixez tous ces légumes avec la chair prélevée des aubergines pour obtenir un hachis très fin. Chauffez l'huile dans une poêle pour le faire revenir avec du sel et du poivre et la muscade, jusqu'à ce que la préparation ait rendu son eau (10 minutes environ).

Farcissez-en les moitiés d'aubergine. Placez celles-ci dans un plat à gratin et enfournez pendant 30 minutes.

Servez chaud.

C'est bon... à savoir

L'aubergine est douce pour nos intestins. Ses fibres totalement inoffensives améliorent en douceur le transit, et ce n'est pas le moment de se laisser aller de ce côté-là...

Avoine en boulettes

Seules en dîner léger végétarien, elles se tiennent très bien. Mais leur douce saveur sucrée s'accommode aussi parfaitement en accompagnement d'une volaille grillée ou d'un poisson poché qui se baignera volontiers dans leur sauce tomate parfumée. Cuites et refroidies, elles se conservent 2 à 3 jours dans un récipient fermé au réfrigérateur.

Pour 2 personnes
Préparation : 20 min
Cuisson : 45 min
Ingrédients :
3 tomates
1 oignon
50 g de feta
1 œuf riche en oméga 3
2 c. à s. de flocons d'avoine
1 c. à s. de cumin en poudre
2 c. à s. d'huile d'olive vierge
sel gris

Pelez et hachez l'oignon. Écrasez la feta. Séparez le jaune du blanc d'œuf. Salez légèrement ce dernier puis montez-le en neige ferme.

Mélangez tous ces ingrédients puis ajoutez peu à peu les flocons d'avoine pour obtenir une pâte homogène et qui ne colle plus aux doigts. Façonnez-la en boulettes.

Incisez la peau des tomates et plongez-les dans une grande quantité d'eau bouillante pendant 1 minute pour pouvoir les peler facilement, puis concassez-les.

Chauffez l'huile dans une sauteuse. Saisissez-y les boulettes de tous côtés pendant 4 à 5 minutes. Ajoutez les tomates et le cumin, salez, couvrez puis laissez mijoter pendant 40 minutes.

Servez chaud ou froid, accompagné d'une salade de cresson assaisonnée d'huile de colza et de citron.

C'est bon... à savoir

L'avoine est une « super céréale ». Plus riche en protéines, en vitamines B et E, en fibres et en « bons gras » que les autres, elle est de plus toujours complète (non raffinée), ce qui est parfait. Grâce à cette propriété, elle permet de stabiliser le taux de sucre dans le sang, prévenant ainsi l'hypoglycémie, donc les fringales.

Croustillants de céréales

Pour les grandes et les petites faims, les jours sans envie ou trop occupés pour faire les courses, ces petites galettes se façonnent avec deux fois rien, juste ce qui reste au fond des placards ou du frigo. Pas d'oignon ? Remplacez-le par une échalote. En panne de carotte ? Râpez votre dernière pomme. Pas de légumes du tout, juste des fonds de boîtes de céréales ? Cela ira très bien aussi. À elles seules, elles sont suffisamment savoureuses…

Pour 2 personnes
Préparation : 10 min
Cuisson : 15 min
Ingrédients :
1 carotte
1 pomme de terre
1 oignon
2 œufs riches en oméga 3
2 c. à s. de farine de sarrasin
2 c. à s. de farine de blé type 110
2 c. à s. de flocons de quinoa
2 c. à s. d'huile d'olive vierge
1 c. à s. d'herbes (persil, thym, romarin)
1 c. à s. de curry en poudre
sel gris, poivre

Épluchez et râpez la carotte et la pomme de terre, pelez et émincez l'oignon, puis mélangez-les aux farines et au quinoa.

Ajoutez les herbes et le curry, du sel et du poivre, liez le tout avec les œufs.

Chauffez l'huile d'olive dans une poêle, jetez-y des petits tas de cette préparation (la valeur d'une cuillère à soupe), aplatissez-les un peu et dorez-les pendant 7 à 8 minutes de chaque côté.

Servez chaud ou froid.

C'est bon… à savoir

Les œufs riches en oméga 3, c'est bien. Si par hasard vous n'en trouvez pas, optez pour des œufs labellisés (bio ou label rouge). Les « bas de gamme » (c'est-à-dire tous les autres, représentant 90 % du marché, hélas) n'ont pas du tout le même intérêt nutritionnel.

Épinards en flocons

En cas de stress ou de grosse fatigue, épinards et champignons se choisiront surgelés, tout épluchés. Et pendant la petite heure de cuisson, vous pourrez vous reposer tranquillement. Couverts de leur chapeau de tomate, ces petits flans ne risquent pas de sécher, et ne demandent aucune surveillance.

Pour 2 personnes
Préparation : 30 min
Cuisson : 1 h
Ingrédients :
250 g d'épinards
250 g de champignons
2 tomates
1 gousse d'ail
quelques brins de persil
2 œufs riches en oméga 3
25 cl de lait de soja
125 g de flocons d'avoine
1 c. à s. de farine type 110
2 c. à s. d'huile d'olive vierge
sel gris, poivre

Chauffez 50 cl d'eau dans le bas d'un cuit-vapeur. Lavez les épinards et essorez-les, nettoyez les champignons et épluchez-les, puis placez-les ensemble dans le panier. Fermez et comptez 10 minutes de cuisson.

Portez le lait à ébullition, puis, hors du feu, plongez-y les flocons d'avoine pour les laisser gonfler pendant 8 à 10 minutes.

Préchauffez le four à 180° (th.6).

Pelez l'ail, hachez le persil. Battez les œufs en omelette. Coupez les tomates en rondelles.

Déposez tous ces ingrédients dans le bol d'un mixeur avec du sel et du poivre et mélangez pour obtenir un mélange bien homogène.

Huilez et farinez 2 ramequins. Emplissez-les de la préparation en tassant bien. Couvrez de tranches de tomates, et enfournez pendant environ 1 heure.

Démoulez au sortir du four et servez chaud.

C'est bon... à savoir

Popeye aurait dû céder ses boîtes d'épinards à sa compagne, Olive. Car ce végétal est décidément conçu pour les dames ! Pour sa teneur en vitamine B9, naturellement : on ne pense qu'à ça ! En revanche, les systèmes digestifs fragiles doivent s'en méfier.

Farcies de brocolis

Choisissez des tomates bien grosses si vous prévoyez ces farcies en plat unique, simplement accompagnées d'un peu de riz complet. Préférez-les plus modestes si vous les servez aux côtés d'un plat de poisson ou d'une omelette qu'elles entourent admirablement. Osez-les aussi en entrée chaude, sur un lit de salade bien verte.

Pour 2 personnes

Préparation : 15 min

Cuisson : 40 min

Ingrédients :

4 tomates
250 g de brocolis
1 oignon
1 gousse d'ail
2 œufs riches en oméga 3
1 c. à s. d'herbes de Provence
2 c. à s. de chapelure
3 c. à s. d'huile d'olive vierge
sel gris

Rincez les tomates, coupez-leur un chapeau et évidez-les. Salez l'intérieur puis retournez-les sur une grille le temps qu'elles soient bien égouttées.

Rincez le brocoli et détaillez-le en petits bouquets.

Préchauffez le four à 210° (th.7).

Pelez et hachez l'ail et l'oignon. Chauffez l'huile dans une poêle pour les dorer pendant 3 minutes. Ajoutez le brocoli, puis la pulpe des tomates, les herbes de Provence et du sel. Laissez mijoter pendant 10 minutes.

Battez les œufs en omelette. Hors du feu, versez-les dans la poêle et mélangez bien.

Farcissez les tomates de cette préparation et saupoudrez-les de chapelure, rangez-les dans un plat à gratin, puis enfournez-les pendant 30 minutes.

Servez bien chaud.

C'est bon... à savoir

Nous ne mangeons pas assez de légumes frais, ce n'est pas un scoop. Ce qui est nouveau, c'est que vous découvrez de vos yeux ébaubis à quel point il est facile de rectifier le tir et de faire le plein en vitamines, minéraux et composés protecteurs, encore plus précieux en ce moment qu'habituellement.

Potiron soufflé

Oui, c'est un peu long, mais tellement bon ! Vous n'en reconnaîtrez pas votre purée de potiron : légère, mousseuse, fondante, soufflée mais inratable, simple mais tellement raffinée…

Pour 2 personnes
Préparation : 20 min
Cuisson : 1 h 35
Ingrédients :
500 g de potiron
1 oignon
3 œufs riches en oméga 3
quelques brins de sarriette
quelques branches de thym
2 c. à s. d'huile d'olive vierge
1 pincée de muscade râpée
sel gris, poivre

Épluchez le potiron, ôtez les graines et coupez la chair en petits morceaux.

Pelez et émincez l'oignon. Chauffez 1 c. à s. d'huile d'olive dans une cocotte pour le faire fondre pendant 2 minutes, puis mouillez de 10 cl d'eau et laissez mijoter pendant 10 minutes à couvert.

Ajoutez les morceaux de potiron, la sarriette et le thym et poursuivez la cuisson pendant 45 minutes à feu doux.

Séparez les jaunes des blancs d'œufs, salez légèrement ces derniers et montez-les en neige ferme.

Préchauffez le four à 210° (th.7).

Écrasez le potiron, incorporez les jaunes d'œufs puis les blancs, en prenant garde de ne pas trop les briser. Salez, poivrez, assaisonnez de muscade.

Huilez un plat à gratin, versez-y la préparation et enfournez pendant 40 minutes.

Servez bien chaud.

C'est bon… à savoir

Nous sommes loin de la soupe au potiron d'Halloween, et pourtant cet admirable végétal orange vif nous offre là aussi le meilleur de lui-même : les carotènes. Une partie d'entre eux protègera votre santé, une autre se transformera en vitamine A chez le bébé, pour participer au développement de ses yeux.

Risotto aux oignons doux

Douceur caramélisée pour bec sucré mais gourmet. Les girolles apportent une note boisée, que l'on obtient tout aussi bien avec des mousserons, chanterelles, bolets, morilles, pieds-de-mouton… en quelque sorte, tous les champignons qui ont du goût ! Improvisez en fonction du marché.

Pour 2 personnes
Préparation : 30 min
Cuisson : 30 min
Ingrédients :
250 g d'oignons
1 gousse d'ail
200 g de girolles
1 petit bouquet de menthe fraîche
180 g de riz complet
1 c. à s. de sucre complet
80 cl de jus de raisin blanc
50 cl de bouillon de légumes
2 c. à s. d'huile d'olive vierge
sel gris, poivre

Épluchez l'ail et émincez-le.

Nettoyez les girolles et émincez-les.

Pelez les oignons. Hachez-en 1 et réservez-le, coupez les autres en lamelles. Chauffez 1 c. à s. d'huile dans une sauteuse, jetez-y les champignons et comptez 5 minutes (le temps qu'ils rendent toute leur eau). Saupoudrez de sucre puis ajoutez les oignons en lamelles pour les laisser fondre à feu doux pendant 20 minutes en remuant de temps en temps.

Chauffez le reste de l'huile dans un faitout pour y dorer l'oignon haché pendant 5 minutes. Ajoutez l'ail et le riz, mélangez bien, puis versez le jus de raisin. Quand celui-ci est totalement absorbé, incorporez progressivement le bouillon de légumes et laissez cuire pendant 25 à 30 minutes, jusqu'à ce que tout liquide ait disparu.

Salez et poivrez la préparation, mélangez-la aux oignons caramélisés, parsemez de menthe ciselée.

Servez sans attendre.

C'est bon… à savoir

Le riz complet, c'est mieux que le riz blanc, aucun doute là-dessus ! Ses fibres préviennent la constipation, son magnésium est apprécié à sa juste valeur par votre corps pour prévenir l'hypertension, toujours délicate en cas de grossesse.

DESSERTS

Délice de carottes

Pour une réussite parfaite, utilisez un moule à bords amovibles. Il permettra de ne pas retrouver les pignons sens dessus dessous après le démoulage. À défaut, un simple moule à manqué fera l'affaire, mais n'ajoutez les pignons de décoration qu'au sortir du four, sur le gâteau encore chaud déjà retourné.

Pour 2 personnes
Préparation : 30 min
Cuisson : 30 min
Ingrédients :
150 g de carottes
1 citron vert
1 œuf riche en oméga 3
50 g de sucre complet
80 g de farine complète
10 g de levure chimique
30 ml d'huile d'olive vierge
1 c. à c. de cannelle en poudre
40 g de pignons de pin
sel gris

Grattez les carottes et râpez-les. Déposez-les dans un saladier, saupoudrez-les de la moitié du sucre et de la cannelle, puis laissez macérer pendant 15 minutes.

Préchauffez le four à 180° (th.6). Prélevez le zeste du citron et émincez-le.

Mélangez la farine et la levure avec le reste du sucre, un peu de sel, le zeste et la moitié des pignons. Incorporez l'œuf, l'huile puis les carottes et travaillez soigneusement pour obtenir un mélange homogène.

Garnissez un petit moule rond de papier sulfurisé, remplissez-le de la pâte et enfournez pendant 15 minutes. Parsemez alors du reste des pignons et poursuivez la cuisson pendant encore 15 minutes.

Démoulez au sortir du four.

Servez bien refroidi.

C'est bon... à savoir

De grâce, n'achetez plus de farine blanche ! La version complète est incomparablement préférable, tant d'un point de vue nutritionnel que gustatif. Vous bénéficierez de bien plus de fibres et de minéraux, « anti-hypoglycémie » et propices au bon développement du fœtus.

Figues rôties

Délicieuse froide en dessert, vous pouvez aussi oser cette légère tentation chaude, autour d'une volaille en sauce salée-sucrée. Un Poulet au citron vert (p. 114) mariera harmonieusement ses arômes à celui de la cardamome. Pour une digestion sereine et des arômes épanouis, préférez des figues bien mûres.

Pour 2 personnes
Préparation : 20 min
Cuisson : 20 min
Réfrigération : 2 h
Ingrédients :
400 g de grosses figues
1 citron vert
10 cl de jus de raisin
2 c. à s. de miel
1 c. à s. de cardamome en poudre

Préchauffez le four à 180° (th. 6).

Prélevez le zeste du citron puis détaillez-le en fins filaments. Plongez ceux-ci dans de l'eau froide, portez à ébullition et laissez frémir pendant 3 minutes, puis égouttez-les.

Délayez le miel dans une casserole avec 1 c. à s. d'eau. Chauffez doucement pour amalgamer le tout, puis incorporez le jus de raisin, la cardamome, et laissez réduire pendant 5 minutes en remuant souvent.

Versez cette préparation dans un plat à gratin. Équeutez les figues et coupez-les en 2. Rangez-les dans le plat puis enfournez pendant 20 minutes en arrosant très régulièrement les fruits du sirop.

Laissez refroidir puis parsemez des zestes.

Réservez pendant 2 heures au réfrigérateur.

Servez frais.

C'est bon... à savoir

Les figues sont de savoureuses petites boules de fibres et de minéraux. Un vrai « complément alimentaire » poussé sur l'arbre ! Comptez notamment sur son calcium, son magnésium et son potassium, trois éléments fondamentaux du bien-être et de la sérénité de la future maman.

Pamplemousses en gratin

À peine cuit, tout juste doré, ce gratin léger et parfumé se déguste bien chaud. Si la préparation aux œufs tarde à épaissir, incorporez-y 1 petite cuillère à café de fécule de pomme de terre.

Pour 2 personnes

Préparation : 20 min

Cuisson : 3 min

Ingrédients :

1 pamplemousse rose
1 pamplemousse jaune
2 oranges
1 citron vert
3 œufs riches en oméga 3
50 g de sucre complet
1 c. à s. d'amandes effilées
2 c. à s. d'eau de fleur d'oranger

Pelez les pamplemousses à vif. Ôtez soigneusement toutes les peaux blanches, puis séparez-les en quartiers en récupérant leur jus.

Pressez les oranges et le citron, prélevez le zeste de ce dernier, émincez-le.

Préchauffez le four à 240° (th.8). Chauffez une grande casserole d'eau.

Séparez les blancs des jaunes d'œufs et battez vigoureusement ceux-ci dans un saladier avec le sucre pour obtenir un mélange bien mousseux. Incorporez peu à peu le jus des agrumes en continuant de fouetter.

Placez le saladier dans la casserole d'eau chaude et continuez de mélanger vivement pendant 5 minutes, jusqu'à ce que la préparation épaississe. Incorporez-y enfin l'eau de fleur d'oranger.

Répartissez cette crème dans deux ramequins. Rangez les pamplemousses par-dessus en alternant les quartiers jaunes et les roses. Saupoudrez d'amandes effilées, et enfournez pendant 3 minutes.

Au sortir du four, décorez de zestes de citron et servez aussitôt.

C'est bon... à savoir

Ce n'est pas un dessert, c'est du concentré de vitamine C et de fibres ! Une bouchée pour maman, une bouchée pour papa, une bouchée pour bébé...

EN-CAS ET GOÛTERS

Chevrotine de 10 heures

À préparer au dernier moment, quand une petite faim pointe le bout de son nez, surtout après un petit déjeuner trop léger. Ne tartinez le yaourt que si vous êtes prête à vous attabler : apprêtée trop tôt, cette chevrotine a tendance à se détremper, rendant le pain trop mou et l'ensemble moins agréable à croquer. Un inconvénient que vous éviterez en faisant griller votre tartine avant de la garnir.

Pour 1 personne
Préparation : 5 min
Cuisson : Aucune
Ingrédients :
1 belle tranche de pain aux céréales
1 yaourt de chèvre
100 g de concombre
1 petit crottin de chèvre sec
sel gris, poivre

Salez et poivrez généreusement le yaourt, puis battez-le bien pour le rendre onctueux.

Rincez le concombre et détaillez-le en fines lamelles à l'aide d'un couteau économe.

Râpez la moitié du crottin.

Étalez le yaourt sur la tranche de pain. Couvrez des lamelles de concombre. Décorez du fromage râpé.

Dégustez sans attendre.

C'est bon... à savoir

Ce petit mélange de concombre (frais) et de chèvre (salé) devrait ravir vos papilles tout en calant votre petit creux. Au passage, vous bénéficiez de tout un tas de minéraux, c'est toujours ça de pris.

Riz au lait amandine

La grossesse vous rapproche du monde de l'enfance : quelques petites envies dites « régressives » ne doivent pas vous étonner. Cédez-y sans arrière-pensée, surtout si vous craquez pour ce riz au lait plutôt que pour un paquet de petits oursons gélifiés beaucoup moins recommandables. Et si vous vous sentez des convoitises récurrentes, doublez les proportions, dégustez la première moitié chaude tout de suite, gardez l'autre bien raisonnablement au réfrigérateur pour demain.

Pour 1 personne
Préparation : 10 min
Cuisson : 45 min
Ingrédients :
50 g de riz complet
25 cl de lait d'amande (en boutique spécialisée ou rayon bio)
40 g d'amandes
10 g de sucre complet
1 c. à c. d'amande amère
1 c. à c. de vanille liquide

Portez une casserole d'eau à ébullition et plongez-y le riz pendant 3 minutes. Égouttez-le.

Chauffez le lait avec l'amande amère et la vanille. Ajoutez le sucre puis le riz, et laissez cuire à feu doux en remuant de temps en temps, jusqu'à ce que tout le lait soit absorbé (au moins 40 à 45 minutes).

Concassez les amandes. Dorez-les dans une poêle sèche pendant 5 minutes.

Versez le riz dans une petite assiette. Parsemez d'amandes.

Dégustez tiède ou froid.

C'est bon... à savoir

Le lait d'amande est réputé ultradigeste, ce qui est loin d'être le cas de celui de vache. Doux et légèrement sucré, il se prête avec bonheur à vos envies régressives… tout en apportant sa très forte teneur en calcium : c'est parfait pour vos nerfs et votre bien-être. Quant aux autres ingrédients, ils vous assureront un taux de sucre stable, antifringales assuré.

Tartine aux noisettes

Ce n'est pas parce que vous êtes seule pour le goûter que vous ne devez pas vous chouchouter. Ce n'est pas parce que c'est prêt en 5 minutes que vous devez négliger les détails qui changent tout. Oui, les quelques feuilles de coriandre à réserver pour la décoration sont importantes. Elles font toute la différence entre un « truc » avalé vite fait pour ne plus avoir faim, et un en-cas raisonné et concocté pour satisfaire vos besoins et ceux de votre bébé. Faites-vous plaisir, c'est le moment ou jamais.

Pour 1 personne
Préparation : 5 min
Cuisson : Aucune
Ingrédients :
1 carotte
quelques brins de coriandre fraîche
15 g de noisettes
1 tranche de pain complet
1 c. à s. d'huile de colza

Hachez finement la coriandre, en gardant quelques feuilles pour la décoration.

Grattez la carotte et coupez-la en morceaux. Mixez-la avec les noisettes et l'huile pour obtenir une purée assez épaisse. Ajoutez la coriandre.

Passez la tartine au grille-pain.

Étalez généreusement la préparation sur le pain encore chaud. Décorez de coriandre.

C'est bon... à savoir

Le bon gras des noisettes s'associe ici à celui de l'huile de colza, pour un parfait équilibre en acides gras. Un en-cas en tous points contraire aux horreurs grasses et sucrées, blindées de « mauvaises graisses » que vous auriez pu éventuellement être tentée d'ingurgiter. Ah, non alors !

2e TRIMESTRE

ÇA SE CONFIRME !

MAMAN – Vous commencez sérieusement à « prendre de l'ampleur ». Environ 500 g par semaine. En fait, tout devient plus grand : le volume sanguin, les réserves pour l'allaitement, les seins... Vous avez atteint votre vitesse de croisière, acquis vos repères. Vos nausées ont peut-être été remplacées par quelques petits désagréments, auxquels vous pouvez remédier relativement aisément en leur opposant une hygiène de vie irréprochable. Et le moral ? Ça va très bien merci. Rien à signaler, si ce n'est que vous commencez à sentir le bébé bouger, c'est énorme !

ET MOI ? – Je quitte ma taille de crevette pour me transformer en vrai petit ange. Je grandis, grandis... deviens plus fort, plus beau donc et... plus intelligent : mon cerveau fabrique entre 50 000 et 100 000 nouvelles cellules par minute ! Je remue dans mon habitacle douillet et certains de mes organes commencent à fonctionner ; je peux même saisir avec mes mains. Quoi ? Pas grand-chose pour l'instant... Je reconnais les sons, les voix, j'apprécie la musique (la musique, pas le bruit...). Mais lorsque je veux me reposer, ne vous en faites pas, vivez votre vie, vous ne me dérangez pas : je dors comme un bébé !

UN BON COUP DE FOURCHETTE – La bonne nouvelle, c'est que l'utérus sort « en avant », et libère votre vessie, jusque-là peut-être un peu gênée. La mauvaise, c'est que la constipation et les brûlures d'estomac sont probables. Et pensez que vous digérez plus lentement, donc adaptez votre alimentation en conséquence. Mais ce n'est pas le moment de flancher côté protéines, parce que la « fabrication » du bébé bat son plein. Il grandit, grossit, et le matériel de base pour former son petit corps est plus que jamais directement puisé dans votre assiette. Vous vous rendez compte qu'à partir de la 17e semaine, il peut même froncer les sourcils ? Ne le mécontentez pas en relâchant votre vigilance nutritionnelle !

LES 10 POINTS FORTS

1. Vous devez manger suffisamment mais pas excessivement, et surtout pas de façon anarchique. Si vous avez tout le temps faim, c'est que vos repas principaux ne sont pas suffisamment copieux.

2. Il vous faut plus de protéines. Invitez-les à votre table à chaque repas : jambon, viande, poisson, œuf, fromage, soja, céréales et légumes secs, il y a le choix !

3. Ne sautez pas de repas.

4. Évitez le sucre et les boissons sucrées, surtout entre les repas.

5. Prêtez une attention particulière à la qualité de vos corps gras. Gardez le cap : huile d'olive et de colza (2 cuillères à soupe par jour minimum pour cette dernière).

6. Buvez au minimum 1,5 litre par jour pour éviter les cystites et autres désagréments urinaires. Et encore une fois, restreignez les aliments sucrés, terreau trois étoiles pour germes et bactéries en tous genres...

7. Veillez à bien consommer votre quota d'aliments riches en calcium, c'est-à-dire les choux, les eaux minérales calciques, les sardines en boîte (avec les arêtes), les amandes, le persil et le cresson, ainsi que les agrumes. Inutile de vous ruer sur les produits laitiers : on trouve du calcium dans bien d'autres aliments, et mieux vaut toujours diversifier ses sources. 1 à 2 yaourts par jour suffisent, et achetez ceux au Bifidus ou au Lactobacillus (c'est écrit sur l'étiquette), surtout si vous êtes sujette aux allergies (asthme, eczéma…).

8. Renforcez vos vaisseaux sanguins à l'aide de végétaux riches en vitamine C pour esquiver les soucis de constipation et de troubles circulatoires.

9. Vous aimez le foie ? C'est le moment d'en profiter. Gras, poêlé, sous forme de pâté : lâchez-vous !

10. Vous prenez du poids, c'est normal. Laissez faire votre corps, il sait exactement ce dont il a besoin. Surtout ne faites pas l'impasse sur les huiles du point 5 sous prétexte de « grossir moins ».

PRISE DE POIDS (moyenne)								
MOIS	0 - 2	3	4	5	6	7	8	9
KILOS AU FIL DES MOIS	1	2	3	5	6	7	9	11

PRINCIPES ET QUANTITÉS ADAPTÉS À CES 3 MOIS

Chaque jour, vous devez consommer :

FAMILLE D'ALIMENTS	QUANTITÉS	TOP DES MEILLEURS
CÉRÉALES COMPLÈTES	2 à chaque repas	Pain complet (ou aux céréales), farine/pâtes/riz complets, quinoa, avoine.
LÉGUMES ET FRUITS FRAIS	8 à 10 (dont 4 fruits)	Tous, du moment qu'ils sont nature et si possible de saison. Forcer sur ceux riches en vitamine C.
POISSON OU LÉGUMES SECS (OU VIANDE MAIGRE)	1 à chaque repas	Saumon, sardine, maquereau, cabillaud, ou lentilles, soja, haricots secs, pois cassés, comme au trimestre précédent, mais rajouter une tranche de jambon au petit déjeuner, ou du fromage de chèvre, ou un œuf…
ALIMENTS RICHES EN CALCIUM (voir p. 122)	1 à chaque repas ou 2 en tout + 1 bouteille d'eau	En buvant 1,5 l d'eau minérale de type Contrex, Hépar, Courmayeur, vous couvrez une bonne partie de vos besoins.

* Reportez-vous en annexes p. 121 à 123 pour la liste précise des aliments conseillés.

PETITS DÉJEUNERS

Bol de blé fruité

Tout est bon dans les fruits de saison ! Ne suivez que vos envies, et les ressources du marché. Mais si vous voulez augmenter vos apports en vitamine C, en plus des oranges et du citron, préférez les kiwis, les mandarines et pamplemousses, les fraises, groseilles, cassis, framboises et autres myrtilles…

Pour 2 personnes
Préparation : 15 min
Cuisson : 20 min
Ingrédients :
2 pommes
2 oranges
1 citron
150 g de fruits frais de saison
30 g de fruits secs (noisettes, noix, amandes)
2 yaourts de brebis
200 g de blé
miel (de préférence liquide)
sel gris

Plongez le blé dans une grande quantité d'eau bouillante salée pendant 15 à 20 minutes.

Pendant ce temps, rincez les pommes et râpez-les, pressez les agrumes, épluchez et coupez les fruits secs et frais en petits morceaux.

Égouttez le blé et mélangez-le, encore tiède, aux yaourts. Ajoutez les pommes râpées. Mouillez du jus des agrumes puis incorporez les fruits secs.

Terminez avec les fruits frais et parfumez de miel.

C'est bon… à savoir

Vous entrez dans la période la plus « sympa » de la grossesse, et la fatigue a cédé la place à une belle énergie. Alimentez cette dernière avec la vitamine C de ce bol 100 % vitalité, c'est tout naturel !

Fouetté aux fruits

Un petit cocktail très doux mais plein de dynamisme pour mettre la machine en route le matin. Mais ce n'est qu'un apéritif, et pas un petit déjeuner complet. La tranche de jambon ou la tartine de fromage ne doit pas être loin.
N'hésitez pas à mixer ce fouetté pour le goûter, en divisant alors les proportions par 2.

Pour 2 personnes
Préparation : 10 min
Cuisson : Aucune
Ingrédients :
2 petites bananes
100 g de fruits rouges (fraises, myrtilles, framboises…)
1 citron
30 g d'amandes
20 cl de lait d'amande (en boutique spécialisée ou rayon bio)
1 c. à c. de vanille liquide

Épluchez les bananes et coupez-les en gros morceaux. Citronnez-les. Équeutez les fruits rouges.

Déposez les fruits dans le bol d'un mixeur avec les amandes, le lait et la vanille, et mélangez pour obtenir un cocktail bien mousseux.

Si la préparation est trop épaisse, allongez-la d'un peu d'eau fraîche.

Dégustez sans attendre.

C'est bon… à savoir

Lors de ce trimestre, les hormones peuvent encore vous jouer des tours : elles détendent tous les muscles, ce qui peut se traduire par des brûlures d'estomac ou de la constipation. Deux troubles mineurs contre lesquels lutte chacun des ingrédients de cette recette.

Pain perdu

Vite prêt, idéal pour les matins de frigo vide. Et tellement rassurant qu'on vous soupçonne d'avoir oublié de faire les courses exprès !
Dans l'idéal tout de même, un jus de fruits frais pressé ou quelques cuillères de compote complètent à merveille ce petit déjeuner improvisé.

Pour 2 personnes
Préparation : 5 min
Cuisson : 4 min
Ingrédients :
4 petites tranches de pain complet un peu rassis
2 œufs riches en oméga 3
10 cl de lait d'amande (en boutique spécialisée ou rayon bio)
2 c. à s. de sucre complet
1 c. à c. de vanille en poudre
2 c. à s. d'huile de colza

Battez les œufs en omelette avec le lait, le sucre et la vanille dans une assiette creuse.

Trempez les tranches de pain dans ce mélange, en les retournant pour que les deux côtés soient bien imprégnés de la préparation.

Chauffez doucement l'huile dans une grande poêle pour les saisir pendant 1 à 2 minutes de chaque côté.

Servez sans attendre.

C'est bon... à savoir

Pain perdu… pas pour tout le monde. En tout cas, sûrement pas pour vous ! Un pur moment de bonheur, au cours duquel vous vous octroyez mine de rien des oméga 3, des fibres, des minéraux, des protéines… l'honneur est sauf !

ENTRÉES

Complète aux légumes secs

Ne vous affolez pas devant le temps de cuisson. Cette soupe mitonne tranquillement, ne réclamant qu'une petite intervention de temps en temps. Si vous ne vous sentez pas de vous y remettre trop souvent, préparez-la en plus grandes quantités, cela ne vous demandera pas plus de temps, et comme elle se congèle très bien, vous disposerez ainsi d'une réserve toute prête pour les prochaines fois.

Pour 2 personnes
Préparation : 20 min
Trempage : 12 h
Cuisson : 2 h 10
Ingrédients :
1 tomate
25 g de haricots blancs
25 g de pois cassés
25 g de haricots de soja
50 g d'épeautre
1 branche de romarin
75 cl d'eau minérale (Contrex, Hépar, Courmayeur)
sel, poivre

La veille, plongez les haricots blancs et de soja dans de l'eau froide pour les laisser tremper pendant 12 heures.

Égouttez les haricots. Couvrez-les d'eau à hauteur, ajoutez le romarin et laissez cuire doucement à couvert pendant 1 h 30.

Rincez les pois cassés, mêlez-les aux haricots égouttés puis déposez-les ensemble dans une cocotte avec l'eau minérale. Comptez 20 minutes à frémissements.

Ajoutez alors l'épeautre et poursuivez la cuisson pendant encore 20 minutes.

Incisez la peau de la tomate, plongez-la dans de l'eau bouillante pendant 1 minute pour pouvoir la peler facilement puis détaillez-la en petits cubes.

Servez la soupe bien chaude, parsemée de la tomate.

C'est bon... à savoir

Avec cette soupe, nul besoin de viande ni de poisson : elle apporte quantité de protéines végétales parfaitement assimilées. Rien ne vous empêche d'en avaler en entrée, lors d'un prochain repas, histoire d'être sûre de ne pas avoir faim. Aucun risque de malaise à l'horizon !

Crème douce de cresson

Vous avez gardé le souvenir de la soupe au cresson de votre grand-mère, trop amère à votre goût et qui finissait toujours froide dans votre assiette ? Revisitez vos classiques ! Celle-ci, adoucie par les yaourts de soja, rehaussée de paprika et relookée de quelques noix, servie de plus bien froide, ne ressemble en rien à ce que vous connaissiez. Vous en redemanderez !

Si vous tenez à la réessayer en version chaude, remplacez les yaourts par 20 cl de crème végétale, et servez-la rapidement après l'avoir mixée.

Pour 2 personnes
Préparation : 10 min
Cuisson : 15 min
Réfrigération : 1 h
Ingrédients :
45 cl de bouillon de volaille
150 g de cresson
quelques brins de persil
2 yaourts de soja
50 g de cerneaux de noix
1 c. à s. de paprika en poudre
sel gris, poivre

Chauffez le bouillon.

Lavez soigneusement le cresson, essorez-le puis plongez-le dans le liquide bouillant pour le faire cuire pendant 15 minutes.

Ajoutez les noix, salez, poivrez, mixez puis laissez refroidir.

Délayez alors délicatement le yaourt dans la soupe et réservez au réfrigérateur pendant 1 heure.

Servez bien frais, parsemé de paprika et de persil ciselé.

C'est bon… à savoir

Quelques secondes de silence s'il vous plaît, car nous avons ici affaire à une star de la femme enceinte, nous avons nommé : le cresson. Il apporte tant de fer, de carotènes, de vitamine C et de calcium qu'il devrait être remboursé par la Sécurité sociale. Vous pouvez en faire un de vos basiques, notamment en glisser quelques feuilles dans vos salades vertes, que nous espérons biquotidiennes.

Roquette parmesane

Pour rester dans le ton, servez cette salade avant une Pizza Sardina (p. 51). Qui sait si le futur papa qui partage votre repas n'y verra pas un message subliminal et n'en profitera pas pour vous emmener à Venise ? Un dernier week-end en amoureux avant l'arrivée de bébé, ça vous tente ?

Pour 2 personnes
Préparation : 15 min
Cuisson : Aucune
Ingrédients :
80 g de roquette
80 g de radis noir
1 branche de céleri
80 g de jambon de Parme
40 g de parmesan
1 c. à s. de vinaigre balsamique
2 c. à s. d'huile de colza
1 c. à s. d'huile d'olive vierge
sel gris, poivre

Épluchez le radis noir et débitez-le en fines rondelles. Rincez et émincez le céleri. Lavez et essorez la roquette. Détaillez le parmesan en copeaux et le jambon en lanières pas trop épaisses.

Mêlez tous ces ingrédients puis répartissez-les dans 2 assiettes.

Émulsionnez les huiles avec le vinaigre, peu de sel (jambon et parmesan sont déjà bien salés) et du poivre.

Arrosez la salade de cette vinaigrette.

Servez sans attendre, avec des tranches de pain complet grillées.

C'est bon... à savoir

En attendant un hypothétique voyage à Venise, le concret immédiat et certain, c'est que la roquette fait partie des « petites salades », admirablement pourvues en minéraux, et que le radis noir vous promet un bon drainage digestif, ce qui n'est pas du luxe dans votre cas.

Terrine de chèvre verte

Habituellement présentée en forme de cake à couper en tranches, cette terrine peut aussi se préparer en portions individuelles, en répartissant la préparation dans, par exemple, 2 verres larges ou 2 ramequins.

Pour 2 personnes
Préparation : 15 min
Cuisson : 10 min
Ingrédients :
300 g de brocolis
2 fromages de chèvre frais
1 petit bouquet de persil
1 petit bouquet d'estragon
12 cl de crème végétale
2 c. à s. d'huile d'olive vierge
5 g d'agar-agar
sel gris, poivre

Chauffez 50 cl d'eau dans le bas d'un cuit-vapeur. Rincez le brocoli et séparez-le en petits bouquets. Déposez ceux-ci dans le panier, fermez et laissez cuire pendant 10 minutes.

Mixez les fromages avec l'huile, le persil et l'estragon. Fouettez la crème au batteur électrique comme une chantilly.

Diluez l'agar-agar dans un peu d'eau tiède et ajoutez-le à la préparation. Salez, poivrez, ajoutez les brocolis et donnez encore un tour de mixeur. Terminez en incorporant délicatement la crème.

Versez dans un petit moule à cake, couvrez d'un film alimentaire et réservez au réfrigérateur pendant 12 heures (toute une nuit, ou le matin pour le soir).

Démoulez juste avant de servir, et dégustez frais, accompagné d'un mesclun aux pignons de pin.

C'est bon... à savoir

L'agar-agar, c'est une algue qui remplace la gélatine (d'origine animale). Il est beaucoup moins calorique, et beaucoup plus riche en fer que cette dernière ! Or, rappelons que durant la grossesse, le nombre de globules rouges augmente de 30 %. Donc, le fer doit suivre... Évidemment, nul goût d'algue dans votre préparation... On trouve l'agar-agar en boutique diététique, mais aussi dans la plupart des supermarchés maintenant.

Velouté de sardines

Vous n'auriez pas imaginé sardines si douces et savoureuses. Plus d'arêtes désagréables sous la dent, plus d'odeurs persistantes dans la cuisine, voici une crème de sardines, une gourmandise qui glisse avec bonheur sous les palais les plus délicats. Ne la laissez pas refroidir, elle perdrait beaucoup de ses attraits.

Pour 2 personnes
Préparation : 10 min
Cuisson : 40 min
Ingrédients :
500 g de sardines
125 g de pommes de terre
2 oignons
quelques brins de persil
2 c. à s. de crème végétale
2 c. à s. d'huile de colza
50 cl d'eau minérale (Contrex, Hépar, Courmayeur…)
sel gris, poivre

Faites lever les filets de sardines par votre poissonnier.

Rincez les pommes de terre puis débitez-les en petits cubes.

Pelez les oignons et émincez-les. Chauffez doucement l'huile pour les blondir pendant 5 minutes puis ajoutez les pommes de terre, et comptez 2 minutes de cuisson en mélangeant bien.

Couvrez d'eau, salez, poivrez, portez à ébullition et laissez mijoter pendant 15 minutes.

Incorporez les filets de sardines, couvrez, et poursuivez la cuisson pendant 15 minutes encore.

Passez alors la soupe au moulin à légumes, puis réchauffez-la avec la crème pendant 5 minutes.

Servez bien chaud, parsemé de persil ciselé.

C'est bon... à savoir

Tous les nutritionnistes sont d'accord pour reconnaître à la soupe d'immenses qualités. Celle-ci, complète, se suffit à elle-même : tout y est, des sucres lents aux oméga 3, en passant par les protéines et de multiples composés protecteurs. Un bol de bienfaits pour la maman et son colocataire.

PLATS

Foie en écrin de cailles

Une farce aussi délicate que les volailles qui l'entourent. Raffiné mais simplissime, ce plat est plus léger qu'il y paraît. On le digère sans y penser.

Pour 2 personnes
Préparation : 25 min
Cuisson : 35 min
Ingrédients :
2 cailles
100 g de foies de volaille
50 g de foie gras
1 œuf riche en oméga 3
1 petit chou frisé
1 gousse d'ail
1 oignon
2 branches de sarriette
1 c. à s. de crème végétale
4 c. à s. d'huile d'olive vierge
sel gris, poivre

Lavez le chou, ôtez ses parties dures puis émincez-le. Plongez-le dans une casserole d'eau bouillante salée pendant 5 minutes pour le blanchir, puis égouttez-le.

Pelez et hachez l'oignon et l'ail. Ciselez la sarriette.

Chauffez 2 c. à s. d'huile dans une poêle pour y faire sauter les foies de volaille pendant 3 minutes. Mixez-les ensuite avec le foie gras, la crème, le jaune de l'œuf, du sel et du poivre.

Garnissez l'intérieur des cailles de cette farce. Cousez leur ouverture. Salez et poivrez-les. Chauffez le reste de l'huile dans une sauteuse pour les dorer pendant 10 minutes de tous côtés.

Réservez-les et jetez à leur place l'ail, l'oignon et la sarriette pour les laisser suer pendant 5 minutes. Ajoutez le chou, mélangez, reposez les cailles par-dessus, couvrez et comptez 20 minutes de cuisson à feu doux.

Servez bien chaud.

C'est bon... à savoir

Le foie gras est bien meilleur pour la santé que vous l'imaginiez peut-être. Certes, il contient du gras, mais d'abord ce dernier est identique à celui que l'on trouve dans l'huile d'olive, et vous savez combien il prend soin de votre santé. Mais surtout, il n'y a pas d'aliment plus riche en vitamines B, et notamment... en B9.

Maquereaux en cocotte de fenouil

Saveur anisée du fenouil et force du maquereau forment un mariage de contrastes et d'harmonie, adouci des raisins secs et relevé de citron. Surveillez de près les filets de poisson, qu'il ne faut surtout pas laisser accrocher à la poêle. N'hésitez pas pour cela à les remuer constamment pendant leur cuisson.

Pour 2 personnes
Préparation : 15 min
Cuisson : 30 min
Ingrédients :
2 maquereaux
2 bulbes de fenouil
1 oignon
30 g de pignons de pin
20 g de raisins secs
1 citron
1 bouquet d'aneth
3 c. à s. d'huile d'olive vierge
sel gris, poivre

Faites lever les filets de maquereaux par votre poissonnier. Salez et poivrez-les.

Pelez et émincez l'oignon. Pressez le citron.

Rincez les fenouils, coupez-les en quartiers et plongez-les dans une casserole d'eau bouillante pour les blanchir pendant 5 minutes, puis égouttez-les.

Chauffez 2 c. à s. d'huile dans une cocotte pour les faire cuire ensuite pendant 10 minutes à feu doux. Ajoutez l'oignon, les pignons et les raisins secs et comptez encore 10 minutes de cuisson.

Chauffez le reste de l'huile dans une poêle pour y dorer les filets de maquereaux pendant 2 à 3 minutes sur chaque face, puis arrosez-les de jus de citron.

Versez le contenu de la poêle dans la cocotte.

Servez sans attendre, parsemé d'aneth ciselé.

C'est bon... à savoir

Soyez douce avec votre maquereau, si l'on peut dire, et ne le chauffez pas trop : 2 à 3 minutes de cuisson, ce n'est pas 4 ni 5. Alors, et seulement alors, ce merveilleux poisson vous offrira ses oméga 3, fragiles acides gras hautement protecteurs pour vous et votre bébé.

Pizza Sardina

Fabriquer sa propre pizza n'est pas si compliqué, et une fois n'est pas coutume, on vous déconseille la facilité du livreur en 30 minutes. Cela vaut aussi pour la pâte toute prête. Vous aurez forcément du mal à en trouver une préparée avec de la farine non raffinée…

Pour 2 personnes

Préparation : 30 min
Cuisson : 15 min
Repos de la pâte : 3 h
Ingrédients :

250 g de tomates
1 oignon
10 olives noires
1 boîte de sardines à l'huile d'olive
200 g de farine d'épeautre
10 g de levure
1 c. à s. d'huile d'olive vierge
1 c. à s. d'herbes de Provence
sel gris, poivre

Délayez la levure dans 10 cl d'eau tiède. Ajoutez 1 pincée de sel, l'huile et la farine. Pétrissez pour obtenir une pâte souple et lisse (5 à 10 minutes). Formez une boule. Couvrez d'un linge et laissez lever pendant 3 heures à température ambiante.

Pelez l'oignon et hachez-le. Écrasez les sardines dans leur huile. Incisez la peau des tomates et plongez-les dans une casserole d'eau bouillante pendant 1 minute pour pouvoir les peler facilement, puis concassez-les. Mélangez-les avec les sardines, les herbes de Provence, l'oignon, du sel et du poivre. Réservez au réfrigérateur.

Préchauffez le four à 250° (th.8).

Quand la pâte a bien levé, travaillez-la sur un plan de travail fariné pendant quelques minutes puis étalez-la. Déposez-la sur une plaque huilée. Étalez la préparation aux tomates par-dessus en laissant 1 cm de pâte vierge sur les bords. Répartissez les olives, arrosez d'un filet d'huile d'olive et enfournez pendant 15 minutes.

Servez bien chaud, accompagné d'une salade de mâche aux noix.

C'est bon... à savoir

Entre votre pizza et celle du livreur ou du magasin de surgelés, il y a un monde. C'est simple, ce ne sont pas les mêmes produits ! Celle préparée par vos blanches mains apporte l'huile qu'il faut, les minéraux propices à votre confort, à votre protection antinausées et anticrampes …

Tendre foie en vert moelleux

Pas besoin de crème pour adoucir les épinards, les oranges s'en chargent. Quant au foie, 2 minutes de cuisson sur chaque face suffisent pour un résultat rose moelleux, ajoutez 1 à 2 minutes si vous le préférez à point.

Pour 2 personnes
Préparation : 20 min
Cuisson : 15 min
Ingrédients :
2 tranches de foie de veau
1 kg d'épinards
3 oranges
1 gousse d'ail
2 branches de thym
1 c. à c. de sucre complet
3 c. à s. d'huile d'olive vierge
sel gris, poivre

Lavez les épinards à grande eau et égouttez-les bien. Jetez-les ensuite dans une casserole chauffée à sec, salez, ajoutez le sucre et faites-les sauter pendant 4 à 5 minutes en remuant souvent, pour qu'ils rendent leur eau.

Pressez 2 oranges. Prélevez le zeste de l'une d'entre elles. Coupez la troisième en rondelles fines.

Pelez l'ail et écrasez-le.

Salez et poivrez les tranches de foie. Chauffez l'huile dans une poêle pour les saisir des deux côtés jusqu'à ce qu'elles soient dorées. Réservez-les au chaud.

Versez le jus des fruits dans la même poêle avec le zeste, l'ail et le thym, puis les épinards. Portez à ébullition et laissez mijoter pendant 15 minutes.

Réchauffez le foie dans son accompagnement pendant 1 minute.

Servez bien chaud, décoré des tranches d'orange.

C'est bon... à savoir

Comme le foie gras de la p. 49, celui de cette recette, plus sage, apporte un taux record de vitamines B. Les vitamines B sont importantissimes tout au long de la grossesse. Pour la mère, car elles participent à l'intégration des protéines (dont les besoins sont très augmentés pendant les 9 mois) et pour le bébé, afin de s'assurer un système nerveux en parfaite santé. C'est du travail, tout ça !

Sardines en pâtes

Pour plus de parfums, ajoutez une épice douce, que vous choisirez en fonction de votre envie du moment. Curry, safran, paprika ou curcuma, préférez les plus colorées, pour donner à votre plat une touche de personnalité bien affirmée. Prévoyez 2 cuillères à soupe : 1 à mélanger à l'eau de cuisson des pâtes (elles en ressortiront légèrement teintées et plus savoureuses encore), 1 autre à saupoudrer sur les oignons, en les faisant revenir.

Pour 2 personnes

Préparation : 10 min

Cuisson : 20 min

Ingrédients :

200 g de pâtes complètes

1 boîte de sardines à l'huile d'olive

20 g de pignons de pin

25 g de raisins secs

1 oignon

sel gris, poivre

Portez un grand volume d'eau salée à ébullition, plongez-y les pâtes pour les faire cuire pendant 15 minutes puis égouttez-les.

Pelez et émincez l'oignon.

Coupez les sardines en morceaux. Chauffez leur huile dans une sauteuse. Jetez-y l'oignon pour le faire revenir pendant 2 minutes.

Ajoutez les pâtes, les sardines, les pignons et les raisins. Poivrez puis laissez sauter pendant 2 à 3 minutes.

Servez aussitôt.

C'est bon... à savoir

Petit bijou de simplicité et d'équilibre, cette recette peut cependant s'avérer délicate à digérer. Si vous faites partie des 80 % de femmes enceintes sujettes aux brûlures d'estomac, trouble fort répandu au 2e trimestre, dégustez ces sardines plutôt à midi, elles passeront comme une lettre à la poste.

CÉRÉALES ET LÉGUMES

Blanche purée de haricots

Pas besoin de trempage si les haricots sont frais. Si vous préférez les utiliser sous leur forme sèche, plongez-les dans de l'eau froide pendant 12 heures, égouttez-les, commencez leur cuisson dans une première eau pendant 30 minutes, puis après avoir changé l'eau, comptez encore 45 minutes à frémissements.

Si vous servez cette purée froide, ajoutez 1 c. à s. de vinaigre de cidre à l'assaisonnement.

Pour 2 personnes
Préparation : 20 min
Cuisson : 45 min
Ingrédients :
400 g de haricots blancs à écosser
1 gousse d'ail
4 noix
2 c. à s. d'huile de colza
2 c. à s. d'huile de noix
sel gris, poivre

Pelez et écrasez l'ail. Réduisez les noix en poudre fine.

Écossez les haricots. Portez à ébullition une grande quantité d'eau bouillante pour les faire cuire pendant 45 minutes. Salez 10 minutes avant la fin de la cuisson.

Écrasez-les en purée, incorporez-y les huiles, les noix et du poivre.

Servez chaud, tiède ou froid.

C'est bon... à savoir

Si avec ça vous avez encore faim, c'est à n'y rien comprendre. En plus, plein de bonnes nouvelles : les haricots sont riches en fer, donc antianémie (trouble encore trop fréquent chez les futures mamans), en sucres lents (donc jugulant la prise de poids et s'opposant aux maux de tête liés aux hypoglycémies) et en fibres (anticonstipation). Que des soucis émergeant au deuxième trimestre !

Chop suey de brocolis

Le vinaigre de riz se trouve surtout dans les épiceries asiatiques. Si vous n'en connaissez pas à proximité, vous pouvez le remplacer par 1 c. à s. de jus de citron. La sauce soja est disponible maintenant dans toutes les grandes surfaces mais si vous redoutez son goût bien particulier, préférez 1 c. à s. de vinaigre balsamique. Ce chop suey en deviendra un peu moins asiatique mais restera tout aussi diététique.

Dans tous les cas, ne prolongez pas la cuisson, les légumes doivent rester croquants…

Pour 2 personnes
Préparation : 35 min
Cuisson : 8 min
Ingrédients :
150 g de brocolis
4 champignons noirs séchés
150 g de germes de soja
1 oignon
1 carotte
1 petit morceau de gingembre frais
1 c. à c. de sucre complet
1 c. à s. de sauce soja
1 c. à s. de vinaigre de riz
3 c. à s. d'huile de colza
sel gris, poivre

Plongez les champignons dans de l'eau chaude pendant 20 minutes puis émincez-les.

Épluchez le gingembre et râpez-le. Grattez la carotte et détaillez-la en tout petits cubes. Pelez l'oignon et hachez-le. Rincez les germes de soja et les brocolis puis séparez ces derniers en petits bouquets.

Chauffez doucement l'huile dans un wok (ou une grande sauteuse). Commencez par faire revenir le gingembre pendant 3 minutes en remuant sans arrêt, puis jetez tous les légumes ensemble, ajoutez la sauce soja et le vinaigre, saupoudrez du sucre, et comptez 5 minutes de cuisson.

Servez chaud.

C'est bon… à savoir

Les ingrédients de cette recette sont particulièrement adaptés au deuxième trimestre, mais les femmes qui se plaignent de nausées dans les trois premiers mois de grossesse béniront le gingembre, plus efficace que toute autre médication ou astuces alimentaires. Donc, si nausées et vomissements : gingembre, naturellement !

Gnocchis de potiron

Dans cette préparation, le plus long, c'est encore de faire mijoter la sauce tomate. Si vous calez devant l'obstacle, on vous fait confiance pour en trouver une toute faite qui ne soit ni trop salée, ni trop sucrée, et dont les tomates constituent le principal ingrédient (cette recommandation n'est pas si absurde qu'elle en a l'air : regardez les étiquettes…) !

Pour 2 personnes
Préparation : 20 min
Cuisson : 1 h 15
Ingrédients :
200 g de potiron
500 g de tomates
1 oignon
20 g de raisins secs
200 g de farine type 110
2 c. à s. d'huile d'olive vierge
sel gris, poivre

Incisez la peau des tomates et plongez-les dans une casserole d'eau bouillante pendant 1 minute pour pouvoir les peler facilement, puis mixez-les pour les réduire en coulis.

Pelez et hachez l'oignon. Chauffez l'huile d'olive dans une cocotte pour le faire revenir pendant 3 minutes. Ajoutez le coulis, les raisins secs, salez, poivrez, couvrez et laissez mijoter à feu très doux pendant 1 heure.

Épluchez et râpez le potiron cru très finement. Mélangez cette purée avec la farine, puis formez des petites boulettes de la taille d'une noix.

Portez à ébullition une grande quantité d'eau salée. Plongez-y les gnocchis pendant 15 minutes en remuant de temps en temps pour qu'ils ne collent pas.

Égouttez-les, et servez-les sans attendre, nappés de la sauce tomate.

C'est bon… à savoir

Le potiron est l'un des légumes les plus riches en vitamines et minéraux, et aussi l'un des moins caloriques. Une remarque qui vaut également pour la tomate, d'ailleurs… Quant à ses carotènes, ils sont tout particulièrement recommandés à la femme enceinte.

Gratinée de pois cassés aux échalotes

Contrairement à la plupart des légumineuses, les pois cassés ne requièrent pas de trempage. Comme pour tous les autres en revanche, une cuisson réussie dépend de deux éléments : l'eau, à prévoir froide, en grande quantité et pas trop calcaire ; le sel, à n'ajouter qu'en fin de cuisson. À ces conditions, les légumes secs ne le resteront pas et paraîtront même d'une tendresse à faire pâlir un haricot vert...

Pour 2 personnes
Préparation : 25 min
Cuisson : 50 min
Ingrédients :
250 g de pois cassés
6 échalotes
quelques branches de sarriette
5 cl de crème végétale
2 c. à s. d'huile d'olive vierge
sel gris, poivre

Plongez les pois cassés dans une grande quantité d'eau froide. Portez à ébullition et laissez cuire pendant 45 minutes. Ne salez qu'en fin de cuisson.

Préchauffez le four en position gril.

Pelez les échalotes et coupez-les en quartiers. Chauffez l'huile dans une casserole pour les confire pendant un quart d'heure.

Égouttez les pois puis écrasez-les avec la crème, du sel et du poivre. Incorporez la sarriette hachée.

Huilez un plat à gratin. Étalez la moitié de purée de pois au fond et lissez bien, recouvrez du confit d'échalotes, puis du reste de la purée. Décorez de quelques traits de fourchette et enfournez en position haute pendant 5 minutes, juste le temps de dorer les stries.

Servez chaud.

C'est bon... à savoir

Encore une fois, sans doute n'aspirez-vous ces temps-ci qu'à des plats digestes mais rassasiants. C'est le cas ici, les pois cassés étant les plus « légers » des légumes secs : dénués de toute « peau », ils passent très bien tout en apportant les mêmes bénéfices que les légumineuses plus difficiles à digérer.

Millet à l'orientale

En boutique diététique, le millet peut se présenter sous d'autres noms ; mil ou sorgho principalement. Quelle que soit son appellation, cette petite céréale jaune au goût subtilement sucré se prépare toujours de la même façon et sent très bon à la cuisson.

Pour 2 personnes
Préparation : 25 min
Cuisson : 20 min
Ingrédients :
1 carotte
1 oignon
1 gousse d'ail
40 g d'amandes
40 g de raisins secs
60 g de millet
2 c. à s. d'huile d'olive vierge
1 c. à s. de cumin en poudre
sel gris

Dans une poêle sèche, dorez le millet pendant environ 5 minutes, en remuant souvent pour ne pas le laisser brûler.

Chauffez 40 cl d'eau.

Pelez l'ail et l'oignon puis hachez-les. Grattez la carotte et détaillez-la en julienne (fins bâtonnets). Dans une cocotte, chauffez l'huile pour les faire revenir ensemble pendant 5 minutes.

Ajoutez le millet et le cumin. Mélangez bien. Mouillez de l'eau chaude, incorporez les raisins, couvrez et laissez mijoter pendant 20 minutes.

Concassez les amandes et dorez-les dans une poêle sèche pendant 4 à 5 minutes.

Servez le millet bien chaud, parsemé des amandes.

C'est bon... à savoir

Dépourvu de gluten – donc hyper digeste – et très riche en provitamine A, en silice et en fluor, le millet protège les cheveux, la peau, les ongles, les dents… Ses minéraux (phosphore, magnésium, fer) et ses nombreux nutriments jouent également un grand rôle dans les fonctions cérébrales et le système nerveux. Tant que vous y êtes, employez, pour la cuisson, de l'eau minérale riche en magnésium et en calcium. Vos petites cellules les réclament !

Quinoa des bois

Tendre et craquante, cette céréale, avec ses grains ronds transluci-
des, son germe qui éclate à la cuisson en formant un petit opercule
sympathique, sa texture croquante et son léger goût de noisette, fait
l'unanimité. L'essayer, c'est l'adopter au quotidien.

Pour 2 personnes
Préparation : 25 min
Cuisson : 25 min
Ingrédients :
150 g de champignons
1 poireau
1 bouquet de ciboulette
quelques branches de thym
1 branche de romarin
1 c. à s. de graines de sésame
80 g de cerneaux de noix
100 g de quinoa
1 c. à s. d'huile d'olive vierge
sel gris

Plongez le quinoa dans 2 fois son volume d'eau froide salée. Portez à ébullition, couvrez et comptez 15 minutes de cuisson. Laissez gonfler encore pendant 5 minutes hors du feu puis égouttez.

Effeuillez le thym et le romarin. Hachez la ciboulette et les noix.

Lavez le poireau et émincez-le, nettoyez les champignons et coupez-les en petits morceaux. Chauffez l'huile d'olive dans une cocotte pour les faire suer ensemble pendant environ 10 minutes, le temps que toute l'eau des légumes soit évaporée.

Dans une poêle sèche, jetez les graines de sésame pour les dorer pendant 1 minute.

Réunissez tous les ingrédients et servez chaud.

C'est bon... à savoir

Riche, digeste car sans gluten toujours… Le quinoa contient 2 fois
plus de protéines que le riz, et de très bonne qualité en plus. Un bon
moyen pour augmenter vos apports protéinés, comme recommandé
tout au long de la grossesse, sans abuser des aliments d'origine
animale, dont la qualité des graisses n'est pas toujours irréprochable.
Aucun souci de ce côté-là avec le quinoa !

Salade aux pommes de terre tièdes

Il n'y a pas plus simple qu'une salade de pommes de terre. Pas meilleur non plus, surtout quand on leur associe 1 ou 2 ingrédients de caractère, comme le pourpier pour sa saveur affirmée, ou la menthe pour son contraste frais. Une seule condition à la réussite : la cuisson doit tout juste épuiser le temps qui lui est imparti, sous peine de voir les tranches de tubercules se défaire piteusement dans le saladier.

Pour 2 personnes
Préparation : 15 min
Cuisson : 20 min
Ingrédients :
100 g de pourpier
2 pommes de terre
1 tomate
1 gousse d'ail
3 branches de menthe
2 c. à s. d'huile de colza
1 c. à s. d'huile d'olive vierge
1 c. à s. de vinaigre balsamique
sel gris, poivre

Portez 1 litre d'eau à ébullition dans le bas d'un cuit-vapeur. Rincez les pommes de terre et déposez-les dans le panier, fermez et laissez cuire pendant 20 minutes, puis tranchez-les en rondelles.

Lavez le pourpier, équeutez-le puis égouttez-le. Effeuillez la menthe. Mélangez-les et coupez-les grossièrement.

Rincez la tomate et détaillez-la en quartiers. Pelez et hachez l'ail.

Émulsionnez les huiles avec le vinaigre, du sel et du poivre.

Réunissez le pourpier et la menthe, les pommes de terre encore tièdes, la tomate et l'ail. Arrosez de vinaigrette. Servez sans attendre.

C'est bon... à savoir

Le pourpier est une petite salade étonnante, dont les célèbres Crétois tirent une partie de leurs oméga 3. Si vous n'en trouvez pas au marché, la salade la plus proche, nutritionnellement parlant, c'est la mâche. Et les oméga 3 doivent être consommés régulièrement pendant la grossesse, surtout si vous prévoyez d'allaiter ensuite.

DESSERTS

Chocolatines

Vous ne direz pas qu'elles sont compliquées, ces petites crèmes au chocolat ! Vous ne direz pas non plus qu'elles sont trop lourdes : à part celui du chocolat, elles ne contiennent pas 1 gramme de gras et sont très peu sucrées. Alors, qu'est-ce qu'on dit ? Elles sont bonnes, c'est tout !

Pour 2 personnes
Préparation : 10 min
Cuisson : 1 min
Ingrédients :
25 cl de lait d'amande (en boutique spécialisée ou rayon bio)
2 c. à s. de cacao non sucré
2 carrés de chocolat noir
2 c. à s. de sucre complet
2 g d'agar-agar
1 c. à c. de vanille liquide
2 gouttes d'arôme café

Mêlez le cacao et le sucre, puis délayez cette poudre avec le lait.

Versez le tout dans une casserole avec l'arôme café et chauffez doucement. Quand le mélange est tiède, incorporez l'agar-agar puis portez à ébullition pendant 1 minute sans cesser de remuer.

Répartissez la préparation dans 2 ramequins. Laissez refroidir.

Râpez les carrés de chocolat pour obtenir des copeaux.

Démoulez les crèmes bien froides.

Servez saupoudré des copeaux de chocolat.

C'est bon... à savoir

Il n'y a pas de mal à se faire du bien, aucun doute là-dessus. Mais pour celles qui auraient encore des doutes, vous pouvez toujours vous dire que le chocolat est une bonne source de magnésium, et que le magnésium s'associe au calcium pour la formation des cellules, des nerfs et des muscles du bébé.

Fondue tutti-fruits

La version au chocolat a ses adeptes, mais en ce moment, mieux vaut viser plus léger. Voilà une fondue qui ne fond pas et se déguste bien fraîche. L'assortiment de fruits proposé peut évidemment varier en fonction des saisons. Pour la gaieté de l'ensemble et l'intérêt nutritionnel, préférez toujours les variétés les plus colorées.

Pour 2 personnes
Préparation : 20 min
Cuisson : Aucune
Ingrédients :
125 g de fraises
125 g de framboises
80 g de groseilles
1 carambole
1 petit ananas
1 mangue
5 cl de crème végétale
30 g de sucre complet
1 c. à c. d'amande amère
1 citron

Pressez le citron.

Rincez et équeutez les fraises. Égrenez les groseilles. Essuyez les framboises.

Mixez tous les fruits rouges avec le sucre, le jus de citron et l'amande amère. Filtrez pour éliminer les pépins, puis allongez ce coulis de crème fraîche. Couvrez d'un film alimentaire et réservez au réfrigérateur.

Rincez la carambole et coupez-la en tranches. Pelez la mangue, ôtez son noyau et taillez sa chair en cubes. Épluchez l'ananas et détaillez sa pulpe en petits morceaux.

Présentez le coulis dans une jatte, entourée des fruits exotiques, et prévoyez des piques à fondue pour que chacun y trempe les morceaux de son choix au fur et à mesure de ses envies.

C'est bon... à savoir

Comme toujours avec les fruits, vous êtes sûre de ne pas vous tromper. Des fibres pour le transit, des sucres plutôt lents, mais suffisamment bien « conçus » pour fournir la pêche rapidement, des vitamines et minéraux en pagaille : indubitablement, vous vous faites du bien et vous chouchoutez votre bébé.

Omelette soufflée

Peut-être que votre grand-mère faisait cuire ce dessert de rois à chaque fin de mois difficile. Du coup, vous ne soupçonniez même pas que les soucis d'argent pouvaient être un problème. Aujourd'hui encore, cette omelette s'accommode de toutes vos envies. Bien sûr, vous pouvez la préparer au petit déjeuner, mais aussi au goûter, ou même en dîner léger accompagnée d'une salade de pourpier aux noisettes concassées…

Pour 2 personnes

Préparation : 15 min

Cuisson : 22 min

Ingrédients :

2 pommes

1 citron

4 œufs riches en oméga 3

1 c. à s. de crème végétale

3 c. à s. d'huile de colza

2 c. à s. de sucre complet

1 c. à c. de cannelle en poudre

sel gris

Épluchez les pommes, coupez-les en tranches fines et citronnez-les.

Chauffez la moitié de l'huile dans une poêle et laissez-les fondre avec le sucre pendant 15 minutes, jusqu'à ce qu'elles soient bien tendres.

Battez 2 œufs entiers avec les jaunes des 2 autres et la crème. Salez légèrement les 2 blancs restants et montez-les en neige, puis incorporez-les délicatement à l'omelette.

Chauffez le reste de l'huile pour la faire cuire à feu doux pendant 6 à 7 minutes, disposez les pommes au centre et repliez-la en chausson.

Servez sans attendre, saupoudré de cannelle.

C'est bon… à savoir

Les amateurs d'omelette vont adorer, tandis que les cellules se serviront au passage de tout ce dont elles ont besoin : les composants habituels bénéfiques des fruits, les oméga 3 (le bébé va vous en piquer une partie !), les protéines, toujours et encore…

Pomelos en tilleul frais

Une tisane en sirop… gourmand, un agrume parfumé en dessert léger. Si vous commencez à prendre un petit peu trop de poids et que votre gynécologue fait les gros yeux, oubliez la touche finale de crème. Cela n'enlèvera rien à la délicate harmonie des saveurs.

Pour 2 personnes
Préparation : 15 min
Cuisson : 5 min
Ingrédients :
2 pamplemousses roses
2 c. à c. de crème végétale
50 g de sucre complet
10 cl d'eau minérale (Contrex, Hépar, Courmayeur…)
1 poignée de tilleul (ou 1 infusette)
1 gousse de vanille

Pressez un pamplemousse. Pelez l'autre à vif en récupérant son jus et séparez-le en quartiers.

Portez l'eau minérale à ébullition avec le sucre, la vanille fendue et le jus des fruits. Laissez frémir pendant 5 minutes, puis hors du feu, ajoutez le tilleul et comptez 5 minutes pour qu'il soit bien infusé.

Prélevez les feuilles de tisane et la vanille. Réservez le sirop le temps qu'il refroidisse.

Répartissez les quartiers de fruits dans 2 assiettes, arrosez de sirop et décorez d'1 c. à c. de crème.

Servez bien frais.

C'est bon... à savoir

Le tilleul, tout le monde le sait, ce n'est pas violent. Un petit moyen tout doux pour réduire la nervosité, l'anxiété, apaiser les insomnies et faciliter la digestion – on est à peu près sûres que vous êtes concernée par l'un de ces petits maux. Mais il y a aussi du sérieux dans ces pomelos séduisants : du calcium (via l'eau minérale) et toutes les vitamines des agrumes. Apaisant, donc, mais pas de quoi s'endormir non plus !

EN-CAS ET GOÛTERS

Croque-en-thé

4 heures de macération, c'est le temps nécessaire pour que les fruits soient tout attendris et le thé incomparablement parfumé. Si la préparation doit attendre au frais, pas de problème. Plus le temps passe, plus les arômes se concentrent, et plus le plaisir est au rendez-vous. Idéal pour un goûter, pris en petites quantités… répétées, dans la matinée, puis l'après-midi, puis le lendemain, puis… Avec une adaptation adéquate des proportions, ce goûter peut se conserver jusqu'à 4 jours sans s'altérer.

Pour 1 personne
Préparation : 10 min
Cuisson : 1 min
Réfrigération : 4 h
Ingrédients :
1 citron vert
2 branches de menthe fraîche
2 dattes
2 abricots secs
2 pruneaux
1 figue sèche
15 g de raisins secs
1 c. à s. de thé vert
1 c. à s. de miel

Portez 25 cl d'eau à ébullition. Au premier bouillon, éteignez le feu, versez le thé dans l'eau et laissez infuser pendant 3 minutes.

Ajoutez ensuite la menthe et le miel, puis portez à frémissements pendant 1 minute.

Lavez et séchez le citron. Prélevez le zeste et coupez-le en fines lamelles. Pressez le fruit.

Mélangez tous les fruits secs, le zeste et le jus du citron, puis couvrez du thé.

Laissez la préparation reposer pendant au moins 4 heures au frais.

Décorez de feuilles de menthe avant de déguster.

C'est bon... à savoir

Les fruits secs sont réputés riches en sucres, lents et rapides : les sportifs les adorent justement pour ça. Et qu'est-ce qu'attendre un enfant, sinon courir un genre de long marathon de 9 mois ? Vous y avez pleinement droit, à ces fruits secs, vecteurs de nombreux minéraux bienvenus. Un chouette coup de fouet gourmand !

Petit pain aux myrtilles

Rien que pour l'odeur dégagée à la cuisson, vous aurez envie de ces petits pains. On vous propose les proportions pour 3 pièces. Mais on vous conseille aussi d'être prévoyante : vous aurez peut-être bien plus d'une petite faim... et le futur papa risque fort d'apprécier aussi... et comme c'est aussi bon froid que tiède...

Pour 3 petits pains
Préparation : 15 min
Cuisson : 20 min
Ingrédients :
100 g de myrtilles
2 c. à s. d'huile d'olive vierge
150 g de farine type 110
1 sachet de levure chimique
1 œuf riche en oméga 3
1 yaourt de soja
2 c. à s. de miel
3 c. à s. de sirop d'érable
sel gris

Préchauffez le four à 150° (th. 5).

Creusez la farine en fontaine. Déposez-y une pincée de sel et la moitié du sachet de levure.

Ajoutez l'oeuf, le yaourt et le miel, puis l'huile et pétrissez pour former une pâte lisse.

Séparez-la en 3 petites boules. Ouvrez chacune d'elle en son centre et déposez à l'intérieur 1 cuillère à soupe de sirop d'érable et des myrtilles. Refermez.

Enfournez pendant 20 minutes, jusqu'à ce que les petits pains soient dorés et moelleux.

Dégustez tiède.

C'est bon... à savoir

Les cystites et autres infections urinaires sont courantes chez la femme enceinte. Pour les prévenir et accélérer leur guérison, la myrtille est tout indiquée. Comme l'airelle, elle renferme des composés spécifiques qui empêchent les bactéries urinaires de s'installer dans la vessie !

Tartine à l'italienne

La pâte à l'aubergine est un peu longue à préparer pour un simple goûter. Mais vous n'êtes pas obligée d'attendre d'avoir faim pour vous y mettre. Profitez d'un moment où votre four est en marche pour y glisser l'aubergine. Reste ensuite à la mixer avec ses épices et à la réserver au frais, bien à l'abri sous un film alimentaire, jusqu'au moment de confectionner la tartine… en 5 minutes chrono !

Pour 1 personne
Préparation : 10 min
Cuisson : 42 min
Ingrédients :
1 belle tranche de pain complet
2 tranches de mozzarella
4 olives noires
1 petite aubergine
1 gousse d'ail
2 c. à s. d'huile d'olive vierge
1 c. à c. de graines de coriandre
1 c. à c. de graines de sésame
1 c. à c. de cumin en poudre
sel gris, poivre

Préchauffez le four à 200° (th. 6).
Rincez l'aubergine et coupez-la en 2 dans le sens de la longueur. Enduisez chaque moitié d'huile, puis enfournez 40 minutes.
Faites revenir les graines de coriandre et de sésame dans une poêle sèche pendant 1 minute, jusqu'à les colorer légèrement. Pelez et écrasez l'ail.
Préchauffez le four en position gril.
Prélevez la chair de l'aubergine à la cuillère puis mixez-la avec les graines dorées, le cumin, du sel et du poivre.
Étalez cette préparation sur le pain, répartissez les olives dénoyautées par-dessus, couvrez des tranches de mozzarella et enfournez en position haute pendant 1 à 2 minutes, juste le temps que le fromage fonde.
Dégustez au sortir du four.

C'est bon… à savoir

À l'origine, la mozzarella est préparée avec du lait de bufflonne. Mais ces dernières années, c'est une version au lait de vache qui a envahi la planète entière. Heureusement, on trouve enfin à nouveau de la mozzarella traditionnelle. Outre son goût bien plus fin, son profil nutritionnel est préférable. Régalez-vous, maman gourmande !

3ᵉ TRIMESTRE

LA DERNIÈRE LIGNE DROITE !

MAMAN – Durant ces trois derniers mois, il est essentiel de se reposer et de concevoir ses menus de façon optimale. Vous prenez encore du volume et du poids, et commencez à compter le temps qui vous sépare du jour J. En fait, vous n'êtes plus très à l'aise dans votre enveloppe corporelle, squattée par un locataire charmant mais un peu encombrant. Pour alimenter ce petit être, votre cœur travaille sans relâche, et le moindre effort vous essouffle un peu. Vous êtes fatiguée, non seulement pour ces raisons physiques, mais aussi parce que votre sommeil est perturbé. Douleurs de dos, crampes, gêne due à la taille de l'utérus, besoins fréquents d'uriner : tous ces désagréments se liguent pour vous mettre à plat. Bientôt, top bonheur, ça vaut le coup de patienter encore un peu.

ET MOI ? – C'est moi le locataire encombrant ? D'accord, j'ai compris. On ne me le dira pas deux fois. Je me prépare à la grande évasion. Je signale mon projet imminent à maman en lui envoyant de petites contractions indolores, pour qu'elle sache bien que ma décision est irrévocable. Et comme on dit, « toute sortie est définitive » ! Ce logement devient décidément trop étroit pour un aventurier intrépide comme moi. Je me tortille tout en testant mes fonctions : yeux ? Actifs. Respiration ? Excellente. Sucer et avaler ? Ça marche. Prêt à découvrir le monde, je pivote et tourne ma tête vers le bas pour appuyer contre le col ramolli de l'utérus. C'est comme de taper à la porte pour entrer, sauf que là c'est pour sortir. Je n'ai plus rien à faire ici !

UN BON COUP DE FOURCHETTE – Le triple objectif de ce trimestre est de mener à bien le terme de la grossesse, de se préparer à l'accouchement (et éventuellement à l'allaitement), de fournir les meilleures armes pour affûter le cerveau de bébé. La grande majorité de ce que vous consommez file directement dans cet organe goulu, qui se développe à la vitesse grand V : 100 000 neurones chaque minute ! Merveille des merveilles, on dirait que certains aliments ont carrément été conçus pour cela !

LES 10 POINTS FORTS

1. Focalisez sur les aliments riches en acides gras oméga 3. Ces célèbres bienfaiteurs sont aussi utiles au développement du cerveau de l'enfant qu'à la prévention du baby-blues chez sa maman.
2. Huile de colza, graines, mâche, poissons gras, lapin, œufs riches en oméga 3... faites le plein !
3. Ne relâchez pas vos efforts côté vitamine C et fer.
4. Les fruits et légumes restent au sommet de vos préoccupations alimentaires, notamment pour leurs fibres anticonstipation et antihémorroïdes.
5. Le zinc est un minéral de tout premier plan, surtout si vous attendez un petit garçon : il lui en faut 5 fois plus qu'une fille pour que son appareil génital se place correctement (c'est durant ce trimestre que ça se passe).
6. Les vitamines B sont apaisantes et incontournables pour vous fournir le maximum d'énergie.
7. Continuez à limiter votre consommation de produits laitiers, surtout si vous avez des troubles respiratoires.
8. Pas d'appétit ? Passez aux soupes. Elles glisseront mieux tout en apportant les éléments nutritifs requis.
9. De bonnes réserves de calcium atténueront les douleurs liées à l'accouchement. Son ami fidèle le magnésium reste indispensable pour chaque étape. À eux deux, ils amélioreront l'efficacité des contractions.

10. La vitamine K ne doit manquer ni chez la maman ni chez le bébé : elle favorise la coagulation du sang, ce qui sera prochainement très utile…

PRINCIPES ET QUANTITÉS
ADAPTÉS À CES 3 MOIS

FAMILLE D'ALIMENTS	QUANTITÉS	TOP DES MEILLEURS
CÉRÉALES COMPLÈTES	2 différentes à chaque repas	Pain complet (ou aux céréales), farine/ pâtes/riz complet, quinoa, avoine.
LÉGUMES ET FRUITS FRAIS	2 légumes à chaque repas principal et 3 ou 4 fruits par jour	Tous du moment qu'ils sont nature et si possible, frais. Forcer sur ceux riches en vitamine C.
ALIMENTS SOURCES D'OMÉGA 3	Un peu d'huile de colza cha- que jour, 2 à 3 poissons gras par semaine.	Saumon, maquereau, sardines, huiles de colza, de noix…
POISSON OU LÉGUMES SECS (OU VIANDE MAIGRE)	1 à chaque repas	Comme au trimestre précédent.
ALIMENTS RICHES EN CALCIUM	1 à chaque repas, ou 2 en tout + 1 bou- teille d'eau	Comme au trimestre précédent.

Reportez-vous en annexes p. 121 à 123 pour la liste précise des aliments conseillés.

PETITS DÉJEUNERS

Lait de soja tropical

Un vrai milk-shake, mousseux, coloré et parfumé, qui sait réveiller sans peser. Si le goût du lait de soja vous déplaît, choisissez-le parfumé à la vanille. Et si vous hésitez encore, vous pouvez aussi le remplacer par du lait d'amande. Vous perdrez en protéines, mais gagnerez en calcium !

Pour 2 personnes
Préparation : 10 min
Cuisson : Aucune
Ingrédients :
1 papaye
1 mangue
75 ml de jus d'ananas
1 citron vert
150 ml de lait de soja
1 c. à c. de vanille liquide

Pressez le citron.

Épluchez la papaye et épépinez-la. Pelez la mangue et ôtez son noyau. Coupez la pulpe de ces fruits en gros morceaux.

Mixez-les ensuite avec les jus d'ananas et de citron, la vanille et le lait.

Servez sans attendre, quand le mélange est encore bien mousseux.

C'est bon... à savoir

Le lait de soja est naturellement moins riche en calcium que son homologue de vache (ou que celui d'amande). Comme ce n'est pas vraiment le moment de manquer de ce minéral précieux avant l'accouchement, optez systématiquement pour les marques qui en enrichissent leur produit.

Muesli aux fruits secs

Un bol complet et savoureux à accompagner d'un thé vert ou d'une tisane.

Pour le préparer, préférez des jus de fruits frais ou, au moins, non sucrés. Pour encore plus de saveurs et de vitamines, vous pouvez les fabriquer vous-même, en pressant quelques grappes de raisin (noir de préférence) ou en passant 2 ou 3 pommes à la centrifugeuse.

Pour 2 personnes
Préparation : 20 min
Cuisson : Aucune
Trempage : 1 nuit
Ingrédients :
100 g de millet
100 g d'avoine
100 g de fruits secs (noix, noisettes, amandes, raisins secs, dattes, bananes…)
1 citron
25 cl de jus de raisin ou de pomme
2 c. à s. de miel

La veille, rincez le millet et l'avoine. Mesurez leur volume et plongez-les dans l'équivalent en eau. Couvrez et laissez reposer toute une nuit à température ambiante.

Le matin, concassez les noix, noisettes et amandes, coupez les dattes et les bananes en morceaux. Égouttez les céréales et incorporez-y les fruits.

Pressez le citron. Mélangez son jus à celui de raisin ou de pomme, puis versez-le sur le muesli. Ajoutez le miel, selon votre goût, et mélangez bien.

Répartissez dans deux bols et servez.

C'est bon... à savoir

Pas besoin de mettre de la viande ou des œufs à tous les repas pour faire le plein de protéines. Les céréales et les légumineuses en contiennent aussi. Ainsi que des fibres, décidément essentielles pour lutter contre une constipation qui semble peut-être vouloir vous assaillir…

Œufs au plat gourmands

« Salez seulement le blanc » ? Oui, parce que le sel accélère son temps de cuisson, ce qui permet d'obtenir un blanc bien pris alors que le jaune reste délicieusement coulant tout en étant bien chaud. Ce n'est pas parce qu'il n'y a pas plus simple que des œufs au plat que vous n'êtes pas obligée de les réussir comme un chef. Si vous craignez de crever les œufs à leur arrivée dans la poêle, cassez-les d'abord dans une tasse (quitte à réserver les « ratés » pour une autre préparation), puis faites-les glisser doucement dans l'huile chaude.

Pour 2 personnes

Préparation : 1 min

Cuisson : 5 min

Ingrédients :

4 œufs riches en oméga 3

quelques brins de coriandre fraîche

2 c. à s. d'huile de colza

1 c. à c. de paprika en poudre

1 c. à s. de coriandre en poudre

sel gris, poivre

Chauffez doucement l'huile dans une poêle et cassez-y les œufs 1 à 1 en faisant attention à ne pas briser le jaune.
Salez seulement le blanc.
Poivrez, saupoudrez de paprika et de coriandre en poudre, puis couvrez et laissez cuire jusqu'à ce que le blanc soit bien pris.
Servez sans attendre, parsemé de coriandre ciselée.

C'est bon... à savoir

Les oméga 3 n'ont jamais été aussi importants que maintenant. Au moment même où vous lisez ces lignes, votre petit bonhomme fabrique des neurones à une allure proprement hallucinante. Or, les oméga 3 sont requis en grande quantité pour un cerveau de qualité.

ENTRÉES

Citrons verts garnis

La farce de ces citrons a la consistance d'un tartare haché menu. Si vous préférez une préparation plus fine, passez-la carrément au mixeur pendant 1 à 2 minutes : vous obtiendrez une mousse très délicate.
Ces citrons s'accompagnent heureusement d'une salade de mâche pour une belle entrée, de riz complet ou de quinoa pour un repas froid et bien équilibré.

Pour 2 personnes
Préparation : 15 min
Cuisson : 15 min
Ingrédients :
200 g de haddock
4 citrons verts
2 œufs riches en oméga 3
quelques brins de persil
quelques brins d'aneth et de ciboulette
10 cl de lait de soja
1 c. à s. d'huile de colza
1 c. à s. de crème végétale
sel gris, poivre

Faites cuire les œufs pendant 10 minutes dans de l'eau bouillante pour qu'ils soient durs. Écalez-les et écrasez-les à la fourchette.
Coupez un chapeau aux citrons et évidez-les. Coupez la pulpe en dés.
Ciselez le persil.
Portez le lait à ébullition, plongez-y le haddock pour le pocher pendant 5 minutes. Égouttez-le puis émiettez sa chair et mélangez-la avec la pulpe des citrons, les œufs, le persil, l'huile, la crème, le sel et le poivre. Remplissez les citrons de cette préparation.
Servez frais, entouré de quelques dés de citrons, de ciboulette et d'aneth haché, et du reste de la farce façonnée en petites quenelles.

C'est bon... à savoir

Toujours les oméga 3 (vous avez remarqué, au 1er trimestre on ne pensait qu'à la B9, comme quoi nos fixations évoluent), dont il est essentiel pour vous de faire le plein maintenant. Les mamans dont le statut en oméga 3 est bas s'exposent plus que les autres au baby-blues. Ça ne risque pas de vous arriver avec cette recette…

Crème coco-crevette

Consistance de fond, légèreté de la garniture, arômes des herbes, équilibre des corps gras, saveur douce et réconfortante... Qui a dit : encore ?

Pour 2 personnes
Préparation : 20 min
Cuisson : 30 min
Ingrédients :
100 g de crevettes roses
150 g de haricots cocos
1 gousse d'ail
2 branches de thym
4 brins de persil
2 feuilles de laurier
1 c. à s. d'huile d'olive vierge
1 c. à s. d'huile de colza
sel gris, poivre

Liez le thym, le persil et le laurier en bouquet garni. Pelez l'ail et écrasez-le. Écossez les haricots et rincez-les.

Plongez-les ensemble dans 1 litre d'eau froide avec l'huile d'olive. Portez à ébullition, puis couvrez et laissez mijoter pendant 30 minutes. Salez 10 minutes avant la fin de la cuisson.

Décortiquez les crevettes. Arrosez-les de l'huile de colza, poivrez, puis réservez au réfrigérateur.

Prélevez l'ail et le bouquet garni. Égouttez les haricots en récupérant leur jus de cuisson, puis mixez-les finement, en ajoutant peu à peu juste ce qu'il faut de ce jus pour obtenir une consistance crémeuse.

Si nécessaire, réchauffez la soupe quelques minutes avant de la répartir dans les assiettes.

Servez agrémenté des crevettes à l'huile.

C'est bon... à savoir

On ne pense pas assez aux crevettes, alors qu'elles apportent un taux important de protéines pour très peu de graisses. En outre, l'avantage des crustacés (par rapport aux coquillages par exemple), c'est qu'ils sont rarement pollués, que ce soit par des bactéries ou des métaux lourds. Donc, aucun état d'âme, madame !

Foies en salade d'épinards

Il paraît que les salades aux foies de volailles n'étaient plus à la mode ? C'est qu'elles manquaient un tout petit peu de variété ou d'inventivité…Voilà une injustice réparée !

Pour 2 personnes
Préparation : 20 min
Cuisson : 5 min
Ingrédients :
50 g de feuilles d'épinards
4 petits oignons blancs
100 g de champignons
3 tomates
1 échalote
1 citron
40 g de pignons de pins
150 g de foies de volaille
1 c. à c. de moutarde
2 c. à s. d'huile de colza
3 c. à s. d'huile d'olive vierge
1 c. à s. de vinaigre balsamique
quelques brins de ciboulette
sel gris, poivre

Pressez le citron. Nettoyez les champignons, émincez-les et citronnez-les (avec 1 c. à s. de jus). Épluchez les oignons et coupez-les en rondelles fines. Lavez et équeutez les épinards puis essorez-les. Rincez les tomates et détaillez-les en petits quartiers. Réunissez tous ces légumes dans un saladier.

Délayez la moutarde dans le reste du jus de citron, ajoutez l'huile de colza et 1 c. à s. d'huile d'olive, du sel et du poivre. Pelez et hachez l'échalote et incorporez-la dans la vinaigrette.

Coupez les foies en petits dés. Chauffez le reste de l'huile d'olive dans une poêle pour les faire sauter pendant 4 minutes. Arrosez du vinaigre balsamique.

Jetez les pignons dans une poêle sèche pour les dorer pendant 1 minute.

Versez la vinaigrette dans le saladier et mélangez. Posez les foies tièdes par-dessus et saupoudrez des pignons de pin.

Servez sans attendre, parsemé de ciboulette ciselée.

C'est bon… à savoir

Attention à la provenance de vos foies : ils doivent être irréprochables, et issus d'un élevage respectueux de l'animal (type bio). Car on retrouve dans cet aliment les résidus de traitements et de polluants subis par les volailles. Vous n'avez pas besoin de ça !

Mesclun d'automne

Profitez de la saison pour goûter les noix fraîches, bien blanches, douces et tendres. Si vous n'avez pas de noyer dans votre jardin, choisissez-les sur l'étal de votre marchand de primeurs, bien lourdes et la coquille intacte. Vérifiez leur fraîcheur en les secouant : vous ne devez rien entendre.

Pour 2 personnes
Préparation : 15 min
Cuisson : Aucune
Ingrédients :
100 g de mesclun
6 figues fraîches
1 fromage de chèvre frais
8 cerneaux de noix
2 c. à s. d'huile de colza
1 c. à s. d'huile d'olive vierge
1 c. à s. de vinaigre balsamique
sel gris, poivre

Lavez la salade et égouttez-la.

Rincez les figues, équeutez-les et coupez-les en tranches. Concassez les noix. Tranchez le fromage en lamelles pas trop fines.

Émulsionnez les huiles, le vinaigre, du sel et du poivre.

Versez la moitié de la vinaigrette sur le mesclun. Répartissez celui-ci dans 2 assiettes. Alternez par-dessus les figues et le fromage. Arrosez du reste de la sauce.

Servez sans attendre, parsemé des noix.

C'est bon... à savoir

Cette salade, on l'adore. Et rien que de visualiser les différentes couleurs et textures, il est évident que nous avons affaire à un concentré d'éléments variés et bénéfiques. Au fait, saviez-vous que les figues apportent du calcium ? Et saviez-vous que votre bébé vous pille littéralement pour fabriquer ses os : et vos dents à vous alors ? Vive le calcium !

Potage bulgare

Si vous êtes habituée aux mets bien relevés, il se peut que cette soupe très douce vous déçoive un peu. Dans ce cas, n'hésitez pas à l'agrémenter d'une épice bien choisie : paprika pour rester dans la note bulgare ou cumin pour une saveur plus marquée.

Pour 2 personnes
Préparation : 10 min
Cuisson : 30 min
Ingrédients :
2 yaourts de brebis
1 œuf riche en oméga 3
quelques branches de menthe
20 cl d'eau minérale (Contrex, Hépar, Courmayeur…)
2 c. à s. de farine type 110
3 c. à s. de riz complet
sel gris, poivre

Portez l'eau minérale à ébullition avec du sel et plongez-y le riz pendant 25 minutes.

Incorporez l'œuf à la farine puis battez-le avec le yaourt jusqu'à ce que le mélange soit bien homogène. Salez, poivrez.

Délayez-le ensuite avec quelques cuillères d'eau de cuisson du riz, puis versez cette préparation dans la casserole. Mixez et laissez encore mijoter 5 minutes.

Servez chaud, parsemé de menthe ciselée.

C'est bon... à savoir

Le choix de l'eau minérale est extrêmement important : il faut opter pour une eau riche en calcium. Non content de profiter à votre enfant (voir page précédente), il vous aidera à soulager les douleurs du travail pendant l'accouchement. À condition de disposer de bonnes réserves !

Saumon velouté

Avec une sauce aïoli… Mais comment faire un aïoli diététique et sans stress ? Vous avez un mixeur ? Placez-y 60 g de tofu soyeux, 3 gousses d'ail pelées, 2 cuillères à soupe d'huile d'olive vierge et autant de jus de citron, 1 cuillère à café de moutarde. Deux petits tours… et puis voilà !

Pour 2 personnes

Préparation : 15 min

Cuisson : 30 min

Ingrédients :

1 oignon

2 gousses d'ail

2 tomates

300 g de saumon

1 œuf riche en oméga 3

5 cl de crème végétale

50 cl d'eau minérale (Contrex, Hépar, Courmayeur…)

3 c. à s. d'huile de colza

1 c. à c. de graines de fenouil

sel gris

Coupez le saumon en morceaux.

Incisez la peau des tomates et plongez-les dans une casserole d'eau bouillante pendant 1 minute pour pouvoir les peler facilement, puis coupez-les en 4.

Pelez l'ail et l'oignon puis hachez-les. Chauffez doucement l'huile dans une casserole pour les faire étuver pendant 5 minutes.

Ajoutez le saumon, les graines de fenouil et les tomates, laissez cuire pendant 5 minutes puis couvrez d'eau et comptez 15 minutes à frémissements. Mixez et filtrez.

Battez le jaune d'œuf avec la crème, puis versez-le dans la soupe en fouettant. Laissez épaissir pendant 5 minutes à feu très doux.

Servez bien chaud, accompagné de quelques croûtons à l'ail et d'une sauce aïoli.

C'est bon… à savoir

Nos deux obsessions réunies ici : les oméga 3 et le calcium. L'un comme l'autre préviennent l'hypertension spécifique de la femme enceinte (on dit « hypertension gravidique ») ce qui est très, très important.

PLATS

Blanquette de maquereau

Bien sûr, si vous vous sentez un appétit d'ogre ou si le futur papa vous le réclame, vous pouvez fort bien accompagner ce maquereau d'une portion de riz complet, comme pour une blanquette classique. Mais ce plat se tient aussi très bien sans garniture, pour une version plus légère.

Pour 2 personnes
Préparation : 15 min
Cuisson : 20 min
Ingrédients :
400 g de filets de maquereau
80 g de champignons
1 carotte
1 citron
1 œuf riche en oméga 3
10 cl de crème végétale
50 cl de lait de soja
2 c. à s. d'huile d'olive vierge
sel gris, poivre

Pressez le citron. Nettoyez les champignons, émincez-les et citronnez-les.

Grattez la carotte, coupez-la en rondelles. Chauffez l'huile d'olive dans une casserole pour la faire étuver, à couvert et à feu doux, pendant 10 minutes.

Chauffez le lait de soja et plongez-y les filets de maquereau. Comptez 6 minutes à frémissements, puis incorporez les champignons et la carotte et poursuivez la cuisson pendant 2 minutes.

Prélevez le poisson et les légumes. Battez le jaune d'œuf avec la crème, puis versez dans le lait en fouettant pendant 2 minutes.

Servez le maquereau entouré de ses légumes et nappé de sauce.

C'est bon... à savoir

Tous les ingrédients de cette recette concourent à la bonne « marche » du cerveau, celle du bébé comme le vôtre. Chez vous, cela se traduira par une meilleure résistance au stress et à l'anxiété, susceptibles de s'installer vers la fin de la grossesse.

Cassolettes d'escargots

Non, les escargots ne sont pas difficiles ni longs à cuisiner, surtout si vous les choisissez tout prêts… Et non, ce ne sont pas eux qui sont lourds à digérer, c'est plutôt tout le beurre dans lequel ils baignent traditionnellement. De beurre, ici : point. Et de corps gras : juste ce qu'il faut. Mais du goût, des saveurs, des odeurs… que du bonheur !

Pour 2 personnes
Préparation : 15 min
Cuisson : 30 min
Ingrédients :
2 douzaines d'escargots (nature, surgelés)
2 échalotes
100 g de champignons
1 c. à c. de farine type 110
1 c. à c. de moutarde
10 cl de jus de raisin
1 c. à s. de crème végétale
3 c. à s. d'huile d'olive vierge
sel gris, poivre

Nettoyez les champignons et émincez-les. Pelez et hachez les échalotes.

Chauffez l'huile dans une poêle pour les faire sauter, jusqu'à ce qu'ils aient rendu toute leur eau (10 minutes environ).

Ajoutez les échalotes, poursuivez la cuisson pendant 5 minutes, puis incorporez les escargots, et comptez encore 5 minutes à feu vif.

Saupoudrez de farine, mélangez et mouillez du jus de raisin, salez, poivrez et laissez mijoter pendant 8 minutes.

Versez la crème, maintenez à frémissements pendant 2 minutes, terminez par la moutarde.

Servez aussitôt.

C'est bon… à savoir

Alors là, ça va vous épater : les escargots (sans beurre) figurent parmi les meilleures sources d'oméga 3. Et les oméga 3, vous savez à quel point on aime ça : des apports réguliers vous mettent à l'abri de bien des soucis, et votre enfant aussi.

Oursins farcis

Qui s'y frotte s'y pique : les oursins s'ouvrent avec précaution. Munissez-vous de petits ciseaux pour les entailler à partir de la partie molle, du côté plat, près de la bouche. Ôtez celle-ci, puis sortez les langues à la petite cuillère, en prenant soin de ne pas perdre une goutte de leur eau. Les puristes possèdent une paire de ciseaux qui ne sert qu'à ça, mais si vous ne mangez des oursins qu'occasionnellement, vos ciseaux de cuisine conviendront très bien.

Pour 2 personnes
Préparation : 25 min
Cuisson : 25 min
Ingrédients :
6 oursins
4 noix de Saint-Jacques
1 échalote
2 brins d'estragon
5 cl de jus de raisin blanc
1 c. à soupe d'huile d'olive vierge
2 c. à soupe de crème végétale
sel gris, poivre

Pelez et hachez l'échalote. Ciselez l'estragon. Plongez-les ensemble dans le jus de raisin, portez à ébullition et laissez réduire à feu doux pendant 8 minutes.

Filtrez, mélangez le jus avec la crème et laissez cuire encore 10 minutes.

Préchauffez le four à 240° (th.8).

Ouvrez les oursins, récupérez le corail à la petite cuillère et rincez l'intérieur des coquilles.

Coupez les Saint-Jacques en petits dés. Chauffez l'huile d'olive pour les saisir pendant 1 minute. Salez, poivrez, ajoutez la crème, puis le corail d'oursins. Poursuivez la cuisson pendant 3 minutes.

Répartissez cette préparation dans les coquilles, rangez celles-ci dans un plat à gratin puis enfournez-les pendant 3 minutes.

Servez aussitôt.

C'est bon... à savoir

L'oursin est très riche en iode, ce qui rend ce plat, aussi, parfaitement indiqué en préconception. Il apporte de la vitamine A (c'est pour ça que sa chair est orange !) susceptible de renforcer l'immunité et de préparer à la lactation (nous ne dirons jamais assez de bien de l'allaitement), tandis qu'elle assure des muqueuses saines à l'enfant.

Tagliatelles poissonnières

Un petit air de carbonara en version light, majestueusement revisitée par deux produits de la mer de caractère, tout en finesse. À entourer d'une salade en entrée et de fruits frais en dessert, pour un repas complet et parfaitement équilibré.

Pour 2 personnes
Préparation : 15 min
Cuisson : 40 min
Ingrédients :
500 g de langoustines
300 g de queue de lotte
quelques brins de persil
1 œuf riche en oméga 3
10 cl de crème végétale
250 g de tagliatelles complètes
1 c. à s. d'huile d'olive vierge
sel gris, poivre

Chauffez 1 litre d'eau dans le bas d'un cuit-vapeur. Coupez la lotte en morceaux, salez et poivrez-les, puis déposez-les dans le panier. Fermez et laissez cuire pendant 15 minutes.

Ajoutez alors les langoustines et poursuivez la cuisson pendant 5 minutes.

Portez une grande quantité d'eau salée à ébullition pour y faire cuire les tagliatelles pendant 15 minutes.

Décortiquez les langoustines.

Battez l'œuf avec la crème, du sel et du poivre.

Chauffez l'huile d'olive dans une sauteuse pour les dorer avec les morceaux de lotte pendant 3 minutes. Arrosez de la crème, mélangez bien et poursuivez la cuisson pendant 2 minutes.

Égouttez les pâtes. Dans un saladier, mélangez-les au contenu de la sauteuse.

Servez aussitôt, parsemé de persil ciselé.

C'est bon... à savoir

La langoustine apporte un lot de protéines et de minéraux chaleureusement accueilli. Parmi ces derniers, du fer (c'est important de se constituer des réserves en vue de l'accouchement) et du zinc (requis pour la différenciation sexuelle, surtout chez le petit garçon). Reminéraux avec le persil, qui, grâce à sa teneur record en vitamine C, permet en outre de correctement assimiler tous ceux du repas.

Tofu en omelette

Le tofu, au naturel, n'est doté que d'une saveur très neutre. C'est son accompagnement qui fait son intérêt gustatif. Épices, marinades, herbes, tout lui convient à merveille, comme ici les légumes de caractère. Et voilà un plat bien complet sans être le moins du monde compliqué.

Pour 2 personnes
Préparation : 25 min
Cuisson : 5 min
Ingrédients :
100 g de champignons
50 g de mâche
8 cerneaux de noix
1 gousse d'ail
1 oignon
1 poivron rouge
1 citron
quelques branches de persil
3 œufs riches en oméga 3
125 g de tofu
2 c. à s. d'huile de colza
3 c. à s. d'huile d'olive vierge
1 c. à s. de vinaigre balsamique
sel gris, poivre

Lavez la mâche et essorez-la. Nettoyez les champignons, émincez-les et citronnez-les. Réunissez-les dans un saladier avec les noix.

Émulsionnez l'huile de colza, 1 c. à s. d'huile d'olive et le vinaigre avec du sel et du poivre.

Pelez l'ail et l'oignon et hachez-les avec le persil. Rincez le poivron et détaillez-en la moitié en petits cubes. Coupez le tofu en petits dés.

Fouettez les œufs avec du sel et du poivre. Ajoutez l'ail, l'oignon et le persil, le poivron et le tofu. Mélangez bien.

Chauffez le reste de l'huile d'olive dans une poêle pour y cuire l'omelette pendant 5 minutes.

Arrosez la salade de sa vinaigrette au dernier moment.

Servez ensemble et sans attendre.

C'est bon... à savoir

Le tofu, issu du soja, est le prototype même de la parfaite source en protéines végétales. Il est particulièrement recommandé à quiconque souhaite équilibrer son taux de sucre sanguin (vous), et aux personnes qui cherchent à calmer un gros appétit sans avaler des montagnes de calories (vous, toujours).

Truite de mer à l'oseille

L'amertume de l'oseille ne doit pas vous faire peur : cassée par 1 petite cuillère de sucre, adoucie d'une pointe de crème, tendrement fondue en purée, elle se pose en doux contraste à la délicatesse de la chair de truite. Une légèreté savoureuse, qui supporte volontiers quelques gouttes de jus de citron dont chacun arrosera son assiette au tout dernier moment.

Pour 2 personnes

Préparation : 15 min

Cuisson : 25 min

Ingrédients :

1 truite de mer
250 g d'oseille
2 pommes de terre
12 cl de crème végétale
1 c. à c. de sucre complet
3 c. à s. d'huile de colza
sel gris, poivre

Faites vider la truite par votre poissonnier. Rincez les pommes de terre. Chauffez 1 litre d'eau dans le bas d'un cuit-vapeur. Salez et poivrez le poisson, enveloppez-le dans une feuille de papier sulfurisé bien fermée, déposez le tout dans le panier avec les pommes de terre, fermez et laissez cuire pendant 20 minutes.

Lavez et équeutez l'oseille. Plongez-la dans une casserole d'eau bouillante salée pendant 1 minute pour la blanchir, puis égouttez-la et mixez-la.

Chauffez doucement l'huile de colza dans une sauteuse pour la faire fondre avec la crème, le sucre, du sel et du poivre pendant 5 minutes.

Levez les filets de truite, répartissez-les dans 2 assiettes, entourez de la purée d'oseille et des pommes de terre coupées en 2.

Servez bien chaud.

C'est bon... à savoir

La truite est une bonne source d'oméga 3, ça commence bien. L'oseille est bourrée de vitamine C et de carotènes, deux composés très appréciés par les temps qui courent. Quant aux pommes de terre, elles assurent une satiété garantie.

CÉRÉALES ET LÉGUMES

Chaud-froid de riz complet

N'hésitez pas à mélanger le chaud mijoté et le cru nature. Carottes fondantes, riz ferme, champignons tendres : toutes les textures se combinent dans un mariage heureux de différences complémentaires. La levure de bière vient apporter une petite touche de caractère supplémentaire.

Pour 2 personnes
Préparation : 15 min
Cuisson : 25 min
Ingrédients :
2 carottes
150 g de champignons
1 citron
quelques brins de persil
125 g de riz complet
1 oignon
2 c. à s. de levure de bière
1 c. à s. de cumin en poudre
2 c. à s. d'huile d'olive vierge
sel gris, poivre

Grattez les carottes et coupez-les en rondelles. Nettoyez les champignons, émincez-les et citronnez-les.

Plongez le riz dans une grande quantité d'eau bouillante salée pendant 25 minutes.

Pendant ce temps, pelez et émincez l'oignon. Chauffez l'huile dans une sauteuse pour le dorer pendant 5 minutes. Ajoutez les carottes, mouillez de 10 cl d'eau, couvrez et laissez mijoter pendant 20 minutes.

Égouttez le riz, mélangez-le au contenu de la sauteuse. Saupoudrez du cumin.

Hors du feu, mélangez avec les champignons crus.

Servez sans attendre, parsemé de levure de bière et de persil ciselé.

C'est bon… à savoir

La levure de bière est le meilleur moyen d'enrichir son alimentation en vitamine B sans y penser. Et les besoins en vitamine B sont accrus chez la maman ces trois derniers mois. Elles aident à métaboliser les protéines, à fabriquer les globules rouges, à apporter de l'énergie… ça turbine !

Choux sautés

Tout juste cuits, les légumes doivent rester fermes pour garder à ce sauté son maintien et ses saveurs. Veillez à ce que choux de Bruxelles et brocolis soient de même gabarit avant d'attaquer la cuisson, quitte à couper les premiers en 2 et à séparer finement les bouquets des deuxièmes. De cette opération dépend toute l'homogénéité du résultat final.

Pour 2 personnes
Préparation : 15 min
Cuisson : 14 min
Ingrédients :
150 g de brocolis
150 g de choux de Bruxelles
2 gousses d'ail
1 c. à s. d'huile d'olive vierge
sel gris, poivre

Chauffez 50 cl d'eau dans le bas d'un cuit-vapeur. Épluchez les choux de Bruxelles, placez-les dans le panier, fermez et laissez cuire pendant 5 minutes.

Séparez les bouquets des brocolis.

Pelez et hachez l'ail. Chauffez l'huile dans une poêle (ou un wok) pour le dorer avec le sel et le poivre pendant 1 minute. Ajoutez les choux et les brocolis et faites-les sauter pendant 2 minutes.

Versez 3 c. à s. d'eau dans la poêle, couvrez et poursuivez la cuisson à feu vif pendant 5 à 6 minutes.

Servez sans attendre.

C'est bon... à savoir

On a décidé de vous faire avaler du calcium, coûte que coûte. Avec les choux, on est en plein dans le mille. Sachant que les besoins du fœtus, comme les vôtres, sont augmentés ces dernières semaines, ne relâchez pas votre vigilance.

Jardinière d'été

Tout l'intérêt de cette jardinière réside dans la fraîcheur et la saveur des légumes qui la composent. Choisissez-les tendres et jeunes, bien frais sur l'étal du marché, et cuisinez-les rapidement, sans leur laisser le temps de se friper. Dédaignez la congélation pour cette préparation : s'il vous en reste, mixez-la et faites-en la base de votre prochaine soupe.

Pour 2 personnes
Préparation : 25 min
Cuisson : 45 min
Ingrédients :
150 g de jeunes carottes
150 g de haricots verts
150 g de pommes de terre nouvelles
2 fonds d'artichaut cuits
2 oignons
1 gousse d'ail
quelques brins de persil
2 c. à s. d'huile d'olive vierge
sel gris, poivre

Pelez l'ail et les oignons et hachez-les. Grattez les carottes et coupez-les en rondelles. Effilez les haricots. Coupez les pommes de terre en cubes et les fonds d'artichaut en dés.

Chauffez l'huile dans une cocotte pour y faire revenir d'abord les oignons pendant 5 minutes. Ajoutez les carottes et les fonds d'artichaut puis laissez mijoter pendant 10 minutes.

Mouillez de 20 cl d'eau et poursuivez la cuisson pendant 15 minutes.

Terminez avec les pommes de terre et les haricots puis comptez encore 15 minutes à frémissements.

Servez chaud, parsemé de l'ail et du persil ciselé.

C'est bon... à savoir

Vous souffrez peut-être de crampes aux jambes, et de divers petits maux liés à votre « état », évidemment, mais aussi au fait que les besoins en micronutriments (vitamines, minéraux) sont très élevés et rarement couverts par l'alimentation. Pensez régulièrement à cette recette pour en faire le plein.

Mâche aux fruits

Basique des basiques, cette salade est obligatoire à toutes les sauces. Avec quoi d'ailleurs ne se marie-t-elle pas ? Mais offrez-vous quelques fantaisies pour varier les plaisirs. 1 orange remplacera la banane à l'occasion, ou 1 pomme, ou 2 poires, ou quelques quartiers de pamplemousse, ou 5 à 6 figues, ou... Choisissez vos fruits pour mieux compléter le plat que la salade accompagne. Et osez tous les mariages, car vous êtes sûre d'une chose : ce sera toujours bon.

Pour 2 personnes
Préparation : 15 min
Cuisson : Aucune
Ingrédients :
100 g de mâche
8 cerneaux de noix
1 banane
1 œuf riche en oméga 3
1 citron
2 c. à s. d'huile de colza
1 c. à s. d'huile d'olive vierge
1 c. à s. de vinaigre
sel gris, poivre

Lavez et essorez la mâche.

Plongez l'œuf dans de l'eau bouillante pendant 10 minutes pour le faire cuire dur. Écalez-le et détaillez-le en quartiers.

Coupez le citron en 2. Détaillez une moitié en rondelles, pressez l'autre. Épluchez la banane, tranchez-la en petits morceaux et citronnez-les.

Émulsionnez les huiles et le vinaigre avec du sel et du poivre.

Réunissez la mâche, la banane, l'œuf et les noix dans un saladier. Arrosez de vinaigrette.

Servez sans attendre, parsemé des noix et décoré des rondelles de citron.

C'est bon... à savoir

Bonne façon d'arrondir ses fins de semaine en oméga 3, personne ne vous le reprochera. La mâche, les noix, l'œuf, l'huile de colza : si vous ne donnez pas naissance à la réplique d'Einstein lui-même, c'est à n'y rien comprendre !

Pilaf d'orge aux légumes

Du blanc, du vert, du rouge, du jaune, de l'orangé… Ce n'est plus un plat, c'est un arc-en-ciel, vaillamment soutenu par la fermeté de l'orge. Son goût très doux ne contrarie aucune des saveurs subtiles de ces petits légumes si généreux.

Pour 2 personnes

Préparation : 30 min

Cuisson : 45 min

Ingrédients :

200 g de brocolis

2 tomates

1 petit chou-fleur

1 courgette

2 carottes

1 oignon

1 citron

2 gousses d'ail

100 g d'orge perlé

50 cl de bouillon de volaille

2 c. à s. d'huile d'olive vierge

sel gris, poivre

Pressez le citron. Versez son jus dans une grande casserole d'eau et portez celle-ci à ébullition. Lavez le chou-fleur et les brocolis puis séparez leurs bouquets. Plongez-les dans l'eau bouillante pour les blanchir pendant 10 minutes.

Incisez la peau des tomates et plongez-les dans une casserole d'eau bouillante pendant 1 minute pour pouvoir les peler facilement, puis coupez-les en quartiers.

Pelez l'oignon et l'ail puis hachez-les. Grattez les carottes et coupez-les en rondelles. Passez la courgette sous l'eau et détaillez-la en dés.

Rincez l'orge et égouttez-le. Chauffez l'huile d'olive dans une sauteuse pour le faire revenir pendant 3 minutes. Ajoutez l'oignon et les carottes. Salez, poivrez, mouillez du bouillon, portez à ébullition puis couvrez et laissez mijoter pendant 30 minutes.

Complétez avec la courgette, les tomates et l'ail. Poursuivez la cuisson pendant 5 minutes puis terminez par les choux, et laissez s'évaporer tout le liquide à découvert (5 à 10 minutes).

Servez bien chaud.

C'est bon… à savoir

Le troisième trimestre est le grand rendez-vous des troubles de la circulation, hémorroïdes, crampes et autre constipation. Grâce aux céréales et aux légumes, tout se passe mieux de ce côté-là.

Plat de lentilles

Des lentilles, oui, mais pas si simples (quoi que très faciles à réussir !). Et qu'y a-t-il de si différent ? 2 branches de sarriette pour assurer une digestion harmonieuse et un parfum engageant, 1 petite cuillère d'algues pour exacerber les saveurs, un rien de tofu pour la diversité des textures et des protéines, des tomates pour la liaison, du fenouil pour une pointe anisée, des olives pour le plaisir et parce qu'elles se marient si bien avec les lentilles. Ah oui ! Vous l'aviez presque oublié : ce sont bien des lentilles que vous mangez !

Pour 2 personnes
Préparation : 20 min
Cuisson : 35 min
Ingrédients :
300 g de lentilles
200 g de tomates
1 petit bulbe de fenouil
1 feuille de laurier
2 branches de sarriette
quelques olives noires
60 g de tofu
1 c. à c. d'algues déshydratées
4 c. à s. d'huile d'olive vierge
sel gris

Incisez la peau des tomates et plongez-les dans une casserole d'eau bouillante pendant 1 minute pour pouvoir les peler facilement puis mixez-les.

Coupez le tofu en dés. Dénoyautez les olives et coupez-les en 2.

Plongez les lentilles dans une cocotte contenant 3 fois leur volume d'eau avec le laurier, la sarriette, les algues et le sel, portez à ébullition puis laissez mijoter à feu doux pendant 15 minutes.

Préchauffez le four en position gril.

Rincez le fenouil et coupez-le en morceaux. Ajoutez-le dans la cocotte avec l'huile d'olive et poursuivez la cuisson pendant 10 minutes.

Terminez par les tomates et le tofu, maintenez 5 minutes à frémissements.

Huilez un plat à gratin, remplissez-le des lentilles et enfournez-le en position haute pendant 5 minutes.

Servez décoré des olives.

C'est bon... à savoir

Les lentilles sont très digestes car elles ne renferment pas les composés habituellement responsables des « désagréments » célèbres chez les légumes secs. Aucun ballonnement à l'horizon, et même les futures mamans souffrant de colite peuvent en profiter.

DESSERTS

Blanc-manger des îles

De la douceur, de la fraîcheur, de la couleur… Et tant de simplicité dans la préparation. N'abusez pas pourtant, le lait de coco n'est pas si léger qu'il y paraît, et peut parfois, certains mois de fin de grossesse, paraître assez lourd à digérer. Donc, prévoyez 1 crème pour le dessert, mais pas 2 !

Pour 2 personnes
Préparation : 15 min
Cuisson : 5 min
Réfrigération : 2 h
Ingrédients :
1 petite mangue
1 kiwi
1 papaye
25 cl de lait de coco
1 c. à s. de noix de coco râpée
2 c. à s. de sucre complet
2 g d'agar-agar

Émiettez l'agar-agar dans le lait de coco et laissez-le tremper pendant 10 minutes.

Ajoutez le sucre et chauffez doucement le tout pendant 5 minutes en remuant sans arrêt.

Répartissez la préparation dans 2 ramequins. Laissez refroidir et réservez au réfrigérateur pendant 2 heures.

Épluchez la mangue et dénoyautez-la, pelez le kiwi, rincez la papaye, puis coupez tous les fruits en petits quartiers.

Démoulez les crèmes bien froides.

Servez saupoudré de la noix de coco râpée et entouré des fruits.

C'est bon… à savoir

On l'a déjà dit, on le répète : les fruits exotiques, c'est oui. Ils sont toujours plus riches en vitamines et en substances protectrices que les autres, car ils doivent se protéger eux-mêmes des ardents rayons solaires. Ce qui arrange bien vos affaires, puisque des vitamines, il vous en faut pour deux !

Mousse de noix blanche

Tellement légère qu'elle en paraît aérienne, tellement savoureuse qu'on ne s'en lasse pas… Pour une variante glacée, entreposez les coupes, toujours pendant 2 heures, mais au congélateur, et n'ajoutez les cerneaux de décoration qu'au moment de servir.

Pour 2 personnes

Préparation : 15 min
Cuisson : Aucune
Réfrigération : 1 h
Ingrédients :

50 g de cerneaux de noix

1 yaourt de brebis

2 œufs riches en oméga 3

10 g de sucre complet

2 c. à s. de miel

1 c. à c. d'eau de fleur d'oranger

1 c. à c. de vanille liquide

sel gris

Réservez 4 cerneaux de noix. Mixez les autres avec le yaourt, le miel, la vanille et l'eau de fleur d'oranger.

Séparez les jaunes des blancs d'œufs. Salez légèrement ces derniers puis montez-les en neige ferme. Incorporez le sucre peu à peu en continuant de battre.

Mélangez les deux préparations et répartissez la mousse dans 2 coupes. Décorez des cerneaux de noix entiers.

Laissez pendant au moins 1 heure au réfrigérateur.

Servez bien frais.

C'est bon… à savoir

Encore quelques oméga 3 pour la route… Il est important de réapprovisionner très régulièrement les deux organismes (le vôtre et celui de qui vous savez !) en « bons gras ». Si vous avez des soucis de digestion, préférez cette mousse simplement froide, mais pas glacée.

Poires du noisetier

Une crème gourmande, fondante et bien parfumée, balancée par un coulis acidulé, idéal pour réveiller l'intérêt de vos papilles, et accueillir encore une cuillère de crème gourmande, fondante... Saurez-vous vous arrêter ?

Pour 2 personnes
Préparation : 15 min
Cuisson : 15 min
Ingrédients :
300 g de poires
60 g de noisettes
20 cl de coulis de fruits rouges (surgelé)
30 g de sucre complet
1 œuf riche en oméga 3
2 c. à s. d'huile de colza
2 c. à s. de crème végétale
1 c. à c. de cannelle en poudre
1 pointe de muscade râpée

Pelez les poires. Coupez-les en quartiers pour les épépiner, puis en gros morceaux.

Chauffez doucement l'huile dans une grande poêle, versez-y la moitié du sucre pour le laisser fondre pendant 2 minutes puis ajoutez les poires. Comptez 8 à 10 minutes pour qu'elles deviennent tendres et légèrement dorées.

Préchauffez le four en position gril.

Concassez les noisettes.

Séparez le blanc du jaune d'œuf et fouettez ce dernier avec la crème, le reste du sucre, la moitié des noisettes, la cannelle et la muscade.

Répartissez les poires dans 2 ramequins. Nappez-les de crème, saupoudrez du reste des noisettes, et enfournez pendant 5 minutes.

Servez chaud, accompagné du coulis de fruits décongelé.

C'est bon... à savoir

Encore un bon petit dessert irréprochable, qui apporte tout ce dont vous avez besoin en ce moment : fibres, minéraux, oméga 3... Doucement sur le sucre : 30 g, c'est 30 g, pas 40.

EN-CAS ET GOÛTERS

Goûters aux figues

Ils sont excellents tièdes, très bons froids, parfaits frais et tendres, mais très tentants aussi un peu rassis s'ils datent de quelques jours. Si vous vous laissez aller à doubler ou tripler les proportions, essayez-les en cake pas trop haut, pour décliner le plaisir tranche après tranche…

Pour 2 petits gâteaux
Préparation : 15 min
Cuisson : 45 min
Ingrédients :
6 figues fraîches
60 g de poudre d'amande
100 g de semoule de blé complète
1 sachet de levure
60 g de sucre complet
3 œufs riches en oméga 3
1 c. à s. de farine type 110
4 c. à s. d'huile d'olive vierge
sel gris

Préchauffez le four à 150° (th.5).

Rincez les figues, tranchez leurs queues et coupez-les en 4.

Fouettez les œufs avec le sucre jusqu'à ce que le mélange soit bien mousseux. Ajoutez la semoule, la moitié du sachet de levure, la poudre d'amande et 1 pincée de sel. Incorporez enfin 2 c. à s. d'huile et la moitié des figues.

Huilez et farinez 2 moules individuels. Versez-y la pâte et répartissez les figues restantes par-dessus en les enfonçant légèrement.

Enfournez pour 45 minutes. Démoulez au sortir du four.

Dégustez tiède ou refroidi.

C'est bon… à savoir

La semoule de blé complète n'a qu'un lointain rapport avec la semoule de blé « tout court ». Plus riche en fibres, minéraux, composés divers, elle est nettement plus indiquée dans votre cas. Même chose pour le sucre complet, d'ailleurs. Et même chose pour la farine de type 110, qui n'est pas « blanche ». Au total : de l'énergie pour tenir facile jusqu'au dîner.

Petits pains d'anis aux olives

À déguster nature, mais à tester aussi tartinés de tapenade, de confit de tomates, d'un peu d'Aïoli au tofu (p. 79), ou de toute spécialité que la Méditerranée peut mettre à disposition des gourmets. Très bon également avec de la confiture de tomates vertes ou d'oranges bien amères.

Pour 4 petits pains
Préparation : 15 min
Cuisson : 10 min
Ingrédients :
1 œuf riche en oméga 3
8 olives vertes
60 g de farine type 110
30 g de sucre complet
5 cl d'huile d'olive
1 c. à s. d'anis vert en poudre
sel gris

Préchauffez le four à 210° (th.7).

Dénoyautez les olives et coupez-les en petits morceaux.

Battez l'œuf et le sucre pour obtenir un mélange bien mousseux. Ajoutez la farine et 1 pincée de sel, l'anis vert, les olives et enfin l'huile. Mélangez bien puis terminez le travail de la pâte en la pétrissant pendant 2 à 3 minutes.

Séparez-la en 4 et formez des petits boudins. Déposez ceux-ci sur une plaque huilée et farinée, incisez-les de la pointe d'un couteau et enfournez pendant 10 minutes.

Décollez les petits pains au sortir du four.

Dégustez tiède ou froid.

C'est bon... à savoir

Les olives vertes sont moins grasses que les noires, et surtout généralement moins salées. Comme l'huile qui en est tirée, elles apportent des graisses bénéfiques, notamment pour votre cœur, mis à rude contribution depuis plusieurs mois, et particulièrement ces trois derniers. Et en plus, l'anis allège votre digestion !

Tartine d'artichaut

On ne fait pas saveur plus tendre, ni goûter plus raffiné. Préparez-en peu à l'avance, l'artichaut cuit ne vieillit pas bien. À la limite, s'il en reste un peu, le futur papa aura le droit d'y goûter, en entrée ce soir…

Pour 1 personne

Préparation : 5 min

Cuisson : 10 min

Ingrédients :

1 citron vert

1 échalote

quelques brins de persil

1 fond d'artichaut (surgelé)

1 petit fromage de chèvre frais

1 tranche de pain aux céréales

2 c. à s. d'huile de colza

1 c. à c. d'huile d'olive vierge

Pelez l'échalote. Pressez le citron. **C**hauffez 50 cl d'eau dans le bas d'un cuit-vapeur. Déposez le fond d'artichaut dans le panier, fermez et laissez cuire pendant 10 minutes. **M**ixez-le ensuite avec le fromage de chèvre, l'échalote, les huiles et le jus de citron. **É**talez cette préparation sur le pain. **P**arsemez de persil ciselé et dégustez.

C'est bon… à savoir

Comme vous prenez plus de poids qu'à toute autre période de la grossesse, mieux vaut limiter les apports en sucre, tout en contentant votre faim. Et en plus, ici, vous avez plein d'excuses ! Le persil pour la vitamine C et le fer, l'huile de colza pour les oméga 3, le chèvre frais pour les protéines. Rien à redire !

10 MENUS SOS
CONTRE LES DÉSAGRÉMENTS
COURANTS DE LA GROSSESSE

ACCOUCHEMENT

Le jour J, ça se prépare… Un peu comme lorsque vous prévoyez une course de vélo ou un autre événement sportif, faites le plein pour ne manquer d'aucune munition. Ce n'est pas la veille qu'il faut s'y mettre, mais plusieurs jours auparavant !

JE MANGE…	… PARCE QUE…
Poissons, viande rouge (maigre) et blanche	Ils renferment des protéines facilement utilisables par le corps, pour l'aider à accomplir son travail de force.
Légumes secs, céréales complètes	Ils remplissent vos stocks de ces sucres lents, bien utiles le moment venu.
Fruits et légumes frais, surtout légumes verts à feuilles, choux (dont brocoli), poivron vert, cassis, agrumes, fraises, kiwi	La vitamine C aide à tenir la distance et à atténuer les douleurs.
Pain complet, poulet, pommes de terre, œufs	Le chrome améliore la glycémie, évitant les fringales au moment inopportun.

Fruits secs, fruits frais	À portée de main pendant l'accouchement, ils font plaisir tout en distillant des vitamines et minéraux salutaires. Les bananes sont parfaites, mais diversifiez.
JE BOIS des eaux minérales riches en calcium et magnésium	Ces deux minéraux facilitent le travail.
MAIS J'ÉVITE…	Les sucres rapides et jus de fruits afin de ne pas faire d'hypoglycémie.

NOTRE MENU SOS

Complète aux légumes secs

(p. 44)

Poulet au brocoli

Ingrédients
2 blancs de poulet
1 tête de brocoli
150 g de pois mange-tout
6 petits oignons
1 gousse d'ail
3 c. à s. d'huile d'olive vierge
150 ml de bouillon de légumes
1 c. à s. de vinaigre balsamique
1 c. à c. de sucre complet
sel gris, poivre

Plongez le brocoli pendant 2 minutes dans de l'eau bouillante salée et égouttez-le.

Chauffez la moitié de l'huile dans une poêle pour y faire revenir le poulet coupé en cubes pendant 3 à 4 minutes, salez, poivrez, puis réservez.

Chauffez le reste de l'huile dans la même poêle et jetez-y les légumes. Après 1 minute, ajoutez l'ail haché, puis le bouillon, le vinaigre et le sucre. Poursuivez la cuisson pendant 4 minutes. Remettez le poulet dans la poêle, mélangez et laissez mijoter pendant 3 minutes.

Purée de kiwis

Ingrédients
4 kiwis
1 petite mangue
1 citron
1 c. à s. de pignons de pin
50 g de sucre complet
2 tiges de citronnelle
1 c. à s. d'eau de fleur d'oranger

Préparez un sirop en portant à ébullition 20 cl d'eau avec le sucre, le jus de citron et une tige de citronnelle. Laissez bouillir pendant 10 minutes puis hors du feu, ajoutez la fleur d'oranger.
Mixez les kiwis épluchés avec ce sirop, quand il est refroidi.
Servez frais avec le reste de la citronnelle ciselée et la mangue coupée en tranches, le tout parsemé de pignons.

ANÉMIE

Courante et pourtant facile à éviter, l'anémie est généralement provoquée par une déficience en fer. Les végétariens doivent particulièrement s'en méfier.

JE MANGE…	… PARCE QUE…
Poisson, foie, viande, boudin noir	Ce sont les meilleures sources de fer.
Légumes verts à feuilles, persil, légumes secs, abricots secs, cassis, germe de blé, levure de bière	Ce sont de bonnes sources de fer et/ou ils s'opposent à l'anémie.
Œuf, fromage, poisson blanc, porc, levure de bière	La vitamine B12 est « anti-anémie ».
MAIS J'ÉVITE…	Le thé pendant les repas, l'excès de calcium, les régimes végétariens non équilibrés et non supplémentés en vitamine B12.

NOTRE MENU SOS

Craquantes lentilles en salade
(p. 13)

Magret aux abricots secs

Ingrédients
1 magret de canard
250 g d'abricots secs
1 orange
1 échalote
quelques brins de persil
1 c. à s. d'huile d'olive vierge
1 c. à s. de vinaigre de cidre
1 c. à c. de miel
sel gris, poivre

Chauffez l'huile dans une poêle pour y faire dorer l'échalote hachée, puis réservez-la.

Incisez la peau du magret et faites-le cuire dans la même poêle pendant 8 minutes côté peau, puis encore 4 minutes après l'avoir retourné. Réservez-le également.

Jetez le gras de la poêle, déglacez-la avec le jus de l'orange, puis ajoutez le miel et l'échalote, le vinaigre et enfin le zeste de l'orange. Portez à ébullition, puis laissez réduire d'un tiers, salez, poivrez. Incorporez les abricots détaillés en dés, puis réchauffez le magret coupé en tranches dans la sauce.

Servez sans attendre, parsemé de persil et accompagné d'une Mâche aux fruits (p. 89).

Yaourt aux fruits

Ingrédients
100 g de cassis
2 pommes
1 orange
1 mandarine
1 yaourt de soja vanille
1 c. à s. d'amandes effilées
2 c. à s. de germe de blé
1 c. à s. de sucre complet

Mélangez le germe de blé trempé pendant 2 heures dans le jus de l'orange, les pommes cuites et réduites en compote, le cassis égrené, les amandes, la mandarine détaillée en quartiers et son zeste émincé.

Réservez au réfrigérateur pendant 30 minutes.

Recouvrez de yaourt et saupoudrez de sucre juste avant de servir.

BRÛLURES D'ESTOMAC, « RENVOIS »

Hyperdésagréables mais simples à esquiver, ces brûlures sont loin d'être une fatalité. Plutôt que de prendre des médicaments antiacides, avec leur cortège d'effets secondaires, mieux vaut anticiper le problème.

JE MANGE...	... PARCE QUE...
Avoine	Elle protège les muqueuses de l'estomac contre l'irritation, de préférence avec du lait de soja ou d'amande.
Eau de Vichy Saint-Yorre	Un véritable antiacide ! Les bicarbonates de cette eau font chuter de près de 50 % la production d'acides.
Réglisse (pas les bonbons !)	Elle réduit l'acidité gastrique, augmente la sécrétion de mucus protecteur et restaure la paroi de l'estomac. Mais attention ! Il ne faut en consommer qu'occasionnellement car elle favorise l'hypertension artérielle.
Légumes secs, pomme	Leurs fibres sont bénéfiques.
MAIS J'ÉVITE...	Lait, épices, mayonnaise, sauce piquante, tomates (surtout la peau, qui irrite l'estomac), ail et oignon crus, café et déca, excès de thé, colas, boissons gazeuses (sauf Saint-Yorre), jus de fruits, aliments gras (fritures, chocolat, viandes et fromages gras), menthe. Et je m'efforce de ne pas trop manger d'un coup (mieux vaut manger plus souvent dans la journée).

NOTRE MENU SOS

Soupe d'avoine

Ingrédients
50 cl d'eau de Vichy Saint-Yorre
2 carottes
2 navets
1 poireau
1 branche de céleri
2 c. à s. de flocons d'avoine
1 c. à s. de crème végétale
sel gris

Portez l'eau minérale à ébullition avec les carottes coupées en rondelles, le poireau émincé, le céleri et les navets détaillés en gros cubes. Maintenez à frémissements pendant 30 minutes (les gaz s'échappent, les minéraux restent !), puis filtrez.

Dorez les flocons d'avoine dans une casserole sèche pendant 3 minutes. Mouillez du bouillon chaud, et laissez frémir pendant 10 minutes. Salez, incorporez la crème, et poursuivez la cuisson pendant 2 minutes

Servez parsemé de persil haché.

Tofu en croquettes

Ingrédients
125 g de tofu
1 carotte
2 pommes
10 cerneaux de noix
quelques brins de persil
2 c. à s. d'huile d'olive vierge
sel gris

Écrasez le tofu puis mélangez-le avec la carotte et les pommes râpées, les noix réduites en poudre, le persil haché et un peu de sel.

Séparez cette pâte en petites boules, aplatissez-les puis dorez-les dans l'huile chaude pendant 4 minutes de chaque côté.

Servez chaud, accompagné d'une Blanche purée de haricots (p. 54).

Carpaccio de poires à la réglisse

Ingrédients
2 poires
2 c. à s. de sucre complet
2 c. à s. de réglisse en poudre
2 c. à s. d'amandes effilées

Pelez les poires et coupez-les en lamelles fines. Disposez-les en rosace sur 2 petites assiettes.
Saupoudrez de sucre, puis de poudre de réglisse, et enfin des amandes dorées pendant 3 minutes dans une poêle sèche.
Réservez au réfrigérateur pendant 30 minutes avant de servir.

CIRCULATION DU SANG, CONSTIPATION, HÉMORROÏDES

Ce mariage à 3 est fréquent. La mauvaise circulation est impliquée dans les hémorroïdes qui, elles-mêmes, résultent bien souvent d'une constipation opiniâtre. Un bon tuyau : pour prévenir les 3 d'un coup, la recette miracle, c'est l'activité physique. À votre rythme, mais d'intensité suffisante et, surtout, avec la plus grande régularité.

JE MANGE...	... PARCE QUE...
Ail, oignons, piment, gingembre	Ils « réchauffent » et stimulent la circulation.
Fruits et légumes	Ils apportent des fibres et de l'eau, deux « trésors » en cas de constipation.
Agrumes, baies (cassis, myrtilles), poivrons, choux	La vitamine C et les flavonoïdes renforcent les vaisseaux sanguins.
Eau minérale riche en magnésium, fruits secs, chocolat, légumes secs, pain complet, céréales complètes, agrumes, pomme	Les déficits en magnésium sont fréquemment associés à la constipation.

Pâtes et céréales complètes, pain complet, légumineuses, figues, dattes, pruneaux, raisins secs	Les fibres et d'autres composés luttent contre la constipation.
JE BOIS de l'eau minérale (riche en magnésium, voir p. 9)	La déshydratation débouche automatiquement sur la constipation, donc sur les hémorroïdes.
MAIS J'ÉVITE…	Les régimes carencés, surtout en protéines (elles sont nécessaires à la solidité des vaisseaux sanguins).

NOTRE MENU SOS

Raffinée de chou
(p. 16)

Pâtes sautées au tofu

Ingrédients
2 gousses d'ail
1 morceau de gingembre
1 oignon
1 petit piment*
1 carotte
125 g de pâtes complètes
60 g de tofu
1 c. à s. d'huile d'olive vierge
1 c. à s. de vinaigre balsamique
2 c. à s. de bouillon de légumes
sel gris, poivre

Plongez les pâtes dans une grande quantité d'eau bouillante salée pendant 15 à 20 minutes.

Chauffez l'huile dans une grande sauteuse pour y faire revenir l'ail et l'oignon émincé, le gingembre râpé et le tofu coupé en dés pendant 2 minutes.

Ajoutez le piment haché* et la carotte en cubes, salez, poivrez, et comptez encore 2 minutes de cuisson.

Mouillez du vinaigre et du bouillon, mélangez, couvrez et laissez mijoter 4 à 5 minutes. Terminez par les pâtes pour encore 2 minutes.

Servez chaud.

---

* à éviter en cas de crise hémorroïdaire

Tonique compote

Ingrédients
250 g de pruneaux
60 g de raisins secs
2 c. à c. de thé vert
1 c. à s. de miel
1 c. à c. de gingembre en poudre
1 c. à c. de cannelle en poudre

Préparez le thé avec 250 ml d'eau pour y tremper les pruneaux dénoyautés et les raisins avec le gingembre et la cannelle, pendant au moins 2 heures.
Filtrez, puis laissez mijoter pruneaux et raisins dans le thé avec le miel pendant 20 minutes.
Servez tiède ou froid.

DÉPRIME

Vous avez peut-être mille raisons de déprimer, mais au moins, en équilibrant votre assiette, cela vous en fera une de moins.

JE MANGE...	... PARCE QUE...
Agrumes, cassis, myrtilles, kiwi, fraises, persil, les légumes de couleur vert foncé, champignons, pain, sélénium	La vitamine C, les vitamines B et le sélénium sont transformés en substances messagères de gaieté.
Poissons gras, produits de la mer, noix du Brésil	Ils améliorent l'humeur.
Viandes maigres, poisson, œuf, céréales complètes, légumineuses	Ils fournissent des éléments majeurs de l'équilibre psychique.
Légumes secs, légumes verts à feuilles (épinards)	Un déficit en vitamine B9 est néfaste pour l'humeur et peut même provoquer des déprimes et insomnies.

Céréales complètes, légumes secs, pain, pommes de terre	Les sucres « lents » évitent les hypoglycémies, nerveusement épuisantes.
Chocolat	C'est bon pour le moral
JE BOIS de l'eau minérale riche en calcium et magnésium	Le calcium et le magnésium sont des protecteurs nerveux.
MAIS J'ÉVITE…	Sucres rapides, café, régimes carencés en protéines ou en oméga 3 (poissons gras, huile de colza).

NOTRE MENU SOS

Taboulé de boulgour

Ingrédients
150 g de boulgour
1 kiwi
2 rondelles d'ananas
1 pamplemousse
2 tomates
1 avocat
1 carotte
1 citron
quelques bouquets de mâche
1 poignée de roquette
1 petit bouquet de persil plat
2 c. à s. d'huile de colza
sel gris

Plongez le boulgour dans une grande quantité d'eau bouillante salée pendant 15 minutes, puis égouttez-le.

Quand il est refroidi, mélangez-le avec le kiwi et l'ananas coupés en morceaux, la carotte, les tomates et l'avocat en dés, le pamplemousse en quartiers, la roquette et la mâche émincées.

Émulsionnez une vinaigrette avec l'huile et le jus du citron, ajoutez le persil ciselé finement, puis versez sur la salade.

Servez frais.

Blanquette de maquereau

(p. 80)

Bouchées choco-noix

Ingrédients
1 œuf riche en oméga 3
100 g de chocolat noir amer
100 g de poudre d'amandes
80 g de noix du Brésil
1 c. à s. de cacao en poudre
1 c. à s. de lait d'amande
1 c. à s. de crème végétale
1 c. à s. de sucre complet

Préparez un bain-marie pour y laisser fondre doucement le chocolat avec le lait.

Hors du feu, incorporez le jaune d'œuf, la crème et le sucre. Ajoutez les amandes et 60 g de noix réduites en poudre.

Réservez au réfrigérateur pendant 2 heures.

Façonnez alors en boulettes et roulez-les dans le reste des noix hachées ou du cacao en poudre.

Gardez au frais…

FATIGUE

N'importe qui serait fatigué à votre place. N'en rajoutez pas avec des menus inappropriés.

JE MANGE…	… PARCE QUE…
Fruits et légumes frais	La vitamine C est l'antifatigue n°1.
Pommes de terre, riz complet, céréales complètes	Les « sucres lents » diffusent de l'énergie toute la journée.
Poisson, œufs, volailles	Manquer de protéines, c'est être fatiguée à coup sûr.
JE BOIS du thé	Parce qu'il est moins excitant que le café mais propice à l'éveil, sans épuiser les neurones. À boire **loin** des repas pour ne pas entraver l'assimilation du fer des aliments.
MAIS J'ÉVITE…	Céréales raffinées, viandes grasses, produits laitiers, sucreries.

NOTRE MENU SOS

Salade vitalité

Ingrédients
80 g de riz complet
1 oignon
1 branche de céleri
1 poivron
1 orange
30 g de raisins secs
40 g d'abricots secs
30 g de noix de cajou
1 bouquet de persil plat
1 c. à s. d'huile d'olive
1 c. à c. de moutarde
1 c. à c. de gingembre
1 c. à c. de cannelle
sel gris, poivre

Plongez le riz dans une grande casserole d'eau bouillante salée pendant 30 minutes puis égouttez-le.

Fouettez énergiquement la moutarde, le gingembre, la cannelle, l'huile et le jus de l'orange avec du sel et du poivre.

Mélangez le riz avec l'oignon haché, le céleri et le poivron émincés, les abricots, les raisins secs et les noix de cajou concassées. Arrosez de sauce.

Servez tiède, saupoudré de persil ciselé.

Saumon en paupiette

Ingrédients
300 g de filet de saumon
1 laitue
1 bulbe de fenouil
2 citrons verts
1 bouquet de cerfeuil
2 c. à s. d'huile de colza
sel gris, poivre

Coupez le saumon en dés et arrosez de 2 cuillères à soupe de jus de citron.

Hachez le fenouil et le cerfeuil, arrosez d'huile et du reste de jus de citron, salez, poivrez, et mélangez avec le poisson.

Détachez les plus grandes feuilles de salade, et enroulez-les autour d'une cuillère de préparation au saumon.

Servez frais.

Fondue tutti-fruits

(p. 62)

GENCIVES FRAGILES ET PROBLÈMES DENTAIRES

Aïe ! Les gencives peuvent être vraiment fragilisées, surtout lors des 4 ou 5 premiers mois : irritées, rouges et gonflées. Encore les hormones ! En attendant que tout rentre dans l'ordre, veillez à prendre soin de votre bouche, qui peut vous jouer d'autres vilains tours. Par exemple modifier vos goûts ou vous faire endurer des sensations dentaires bizarres.

JE MANGE...	... PARCE QUE...
Fruits et légumes, surtout baies (cassis, mûres, framboises…), orange, kiwi, fraises, mais aussi persil, choux, mâche ou cresson	La vitamine C renforce les vaisseaux sanguins.
Choux, sardines en boîte (avec les arêtes), amandes	Le calcium, c'est bon pour les dents !
Noix de cajou, soja (tofu et yaourt de soja), céréales complètes	Le magnésium et le calcium sont deux amis fidèles.
Poissons gras (saumon, maquereau, sardine…), riz complet, œufs et… le soleil	La vitamine D est nécessaire à l'absorption du calcium.
JE BOIS du thé, des eaux minérales calciques	Le thé protège des caries, notamment grâce à son fluor.
MAIS J'ÉVITE…	Sucre et toutes sucreries (dont boissons sucrées), sel et aliments salés, café, alcool.

Un dernier conseil : mâchez, mastiquez, faites travailler vos gencives, massez-les, elles ne demandent que cela.

NOTRE MENU SOS

Tartines de sardines

Ingrédients
100 g de cresson
100 g de mâche
1 orange
1 citron vert
2 cornichons
quelques brins de persil
2 tranches de pain complet
1 boîte de sardines
1 c. à s. de crème végétale
2 c. à c. d'huile de colza
1 c. à c. d'huile d'olive
sel gris, poivre

Mixez les sardines avec leur huile (d'olive !), le jus du citron, les cornichons, le persil et la crème, puis réservez au réfrigérateur pendant 30 minutes.

Émulsionnez le jus de l'orange avec les huiles, du sel et du poivre. Versez cette sauce sur les salades lavées et essorées.

Étalez la préparation aux sardines sur les tranches de pain grillées, puis coupez celles-ci en plusieurs bandes.

Servez-les sur la salade.

Chou farci au tofu

Ingrédients
100 g de tofu
1 petit chou vert
1 oignon
2 gousses d'ail
100 g de champignons
50 g de noix de cajou
quelques brins de persil
2 c. à s. d'huile d'olive
sel gris, poivre

Séparez les feuilles du chou pour les faire cuire à la vapeur 30 minutes.

Chauffez l'huile pour y dorer l'oignon, l'ail et les noix hachés (5 minutes).

Ajoutez les champignons émincés et comptez encore 10 minutes de cuisson. Salez, poivrez, incorporez le tofu émietté et le persil ciselé.

Roulez 1 c. à s. de cette préparation dans chaque feuille de chou, et laissez cuire pendant 30 minutes à la vapeur.

Servez chaud.

Riz au lait amandine

(p. 35)

MAL DE DOS

Bien sûr, le mal de dos est directement lié à « votre état ». Mais rappelez-vous que le dos est un ensemble de muscles, d'os et de tendons, et que tout ce petit monde a besoin d'attentions alimentaires. On y pense trop rarement.

JE MANGE...	... PARCE QUE...
Poissons blancs, volaille, œufs, fruits et légumes (dont citron), huile d'olive	Ils drainent les déchets et stoppent la production d'acidité, responsables de nombreuses douleurs musculaires et tendineuses.
JE BOIS...	**... PARCE QUE...**
Eau minérale gazeuse	Elle « dilue » les déchets.
Eau minérale plate riche en calcium et magnésium	Elle compense une déminéralisation liée au stress et décontracte les muscles.
MAIS J'ÉVITE...	Viande grasse, produits laitiers, charcuteries, sauces, beurre, tous les aliments à base de sucre (bonbons, desserts, pâtisseries, sodas), alcool, biscuits apéritifs, café, thé (sauf thé vert), pain blanc, tabac.

NOTRE MENU SOS

Nid de salade

Ingrédients
2 œufs riches en oméga 3
100 g de champignons
1 endive
100 g de mâche
1 branche d'estragon
1 gousse d'ail
1 c. à s. d'huile d'olive vierge
3 c. à s. d'huile de noisette
2 c. à s. de vinaigre à l'estragon
sel gris, poivre

Plongez les œufs dans de l'eau bouillante et laissez-les cuire 10 minutes.

Chauffez l'huile d'olive dans une poêle pour y dorer l'ail haché, puis ajoutez les champignons émincés. Quand toute leur eau s'est évaporée, ajoutez, hors du feu, l'huile de noisette et le vinaigre d'estragon, salez, poivrez, laissez refroidir.

Écalez les œufs, ôtez le jaune, et mélangez-le aux champignons. Garnissez les blancs d'œufs de cette farce. Servez dans un nid de feuilles d'endives, décoré de mâche, et arrosé du jus des champignons.

Poulet au citron vert

Ingrédients
2 cuisses de poulet
5 citrons verts
1 tomate
1/2 concombre
1 oignon
4 c. à soupe d'huile d'olive vierge
sel gris, poivre

Arrosez les cuisses de poulet du jus de 3 citrons mélangé à 2 c. à s. d'huile, salez, poivrez, puis réservez au réfrigérateur pendant 30 minutes.

Mélangez la tomate et le concombre détaillés en cubes avec l'oignon émincé. Arrosez-les du reste de l'huile et du jus des 2 citrons restants.

Passez les morceaux de poulet sous le gril du four pendant 20 minutes en les arrosant de marinade régulièrement.

Servez avec les légumes au citron.

Pomelos en tilleul frais

(p. 64)

MAL DE TÊTE

Quelle que soit l'origine du mal de tête, il existe toujours une composante circulatoire, hormonale et inflammatoire. 3 terrains de prédilection pour votre fourchette. Quant à certains aliments, ils sont bien connus pour lui ouvrir grand la porte de votre pauvre crâne.

JE MANGE...	... PARCE QUE...
Poisson gras	Ses oméga 3, anti-inflammatoires, réduisent les maux de têtes aigus et répétés.
Gingembre	Comme l'aspirine, il entrave le processus de la douleur.
Fruits de mer, crustacés, foie	Une carence en cuivre perturbe les échanges chimiques du cerveau et resserre les vaisseaux sanguins.
MAIS J'ÉVITE...	Chocolat (sauf blanc), agrumes, raisins, alcool (de toute façon c'est interdit), produits laitiers (y compris yaourts et fromages), noix, figues et dattes, graisses saturées (viandes grasses, produits laitiers), levure (pain, brioche, gâteaux), poisson et viande fumés (canard, jambon, hareng, saumon, truite...), aspartam (faux sucre), glaces, viandes et charcuteries traitées aux nitrites, produits contenant du glutamate de sodium (il est présent dans de nombreux aliments industriels, du potage lyophilisé aux plats surgelés), restaurants chinois. Café et thé (ces deux aliments peuvent déclencher les maux de tête ou les traiter, selon les cas).

NOTRE MENU SOS

Foies en salade d'épinards

(p. 76)

Fournée de harengs

Ingrédients
2 harengs (vidés par votre poissonnier)
2 tomates
1 bouquet de cerfeuil
quelques branches d'estragon
1 beau morceau de gingembre
2 citrons
1 c. à c. de graines de coriandre
3 c. à s. d'huile d'olive vierge
sel gris, poivre

Hachez le cerfeuil, l'estragon, la moitié du gingembre et farcissez les poissons de cette préparation.

Tapissez un plat à four des rondelles d'un citron. Posez les poissons par-dessus, salez, poivrez, arrosez du jus du deuxième citron. Parsemez du reste de gingembre coupé en lamelles et recouvrez de rondelles de tomates. Arrosez d'huile et enfournez à 180° (th. 6) pendant 20 minutes.

Servez accompagné d'une Salade aux pommes de terre tièdes (p. 60).

Soupe glacée de fraises au gingembre

Ingrédients
300 g de fraises
1 citron vert
quelques branches de menthe
10 cl de crème végétale
1 c. à s. de gingembre en poudre

Mixez les fraises en purée avec le gingembre. Ajoutez le citron pressé et la crème, mélangez puis laissez reposer pendant 1 heure au congélateur.

Servez frais, décoré avec les feuilles de menthe.

NAUSÉES

Les hormones sont encore impliquées dans ce mauvais coup, mais on dira que c'est pour la bonne cause, puisqu'elles œuvrent à la formation du placenta. Par ailleurs, vous avez une chance sur deux d'y échapper (vous voyez, on est optimistes !), ce qui prouve que ces légendaires nausées ne sont pas une fatalité. Pour les moins bien loties, quelques bons choix alimentaires devraient limiter les dégâts.

JE MANGE...	... PARCE QUE...
Ce qui me fait plaisir	Sinon...
Gingembre	C'est le meilleur allié dans cette bataille. Il faut l'acheter frais et en mettre dans ses plats, mais surtout le laisser infuser et le boire en tisanes.
Fruits et légumes frais en pagaille	En général, ils « passent » mieux que les autres aliments. Leurs vitamines et minéraux sont encore plus précieux en cas de vomissements.
Pain complet, pois chiches, noisettes et raisins secs. Soja (tofu), eau minérale riche en magnésium, noix et amandes, chocolat noir, choux	La vitamine B6 et le magnésium sont « anti-nausée ».

Poisson blanc pour une digestion légère, mais aussi sardines, viande de bœuf maigre, volaille et... du boudin noir (de temps à autre, lorsque vous vous sentez d'attaque)	Fer, zinc et vitamine B12 doivent être apportés en quantité suffisante.
Pain complet, poulet, pommes de terre, œufs, riz complet, pâtes complètes, légumes secs	Les sucres lents limitent le risque d'hypoglycémie, responsable de nausées.
JE BOIS de l'eau minérale	Pour que les minéraux soient remplacés en cas de vomissements.
MAIS J'ÉVITE...	Les sucres rapides et jus de fruits afin d'éviter les hypoglycémies. Les aliments lourds, gras, épicés.

Un dernier conseil. Si vos nausées surviennent dès le réveil (cas fréquent), ayez à portée de main des fruits secs et des amandes.

NOTRE MENU SOS

Couscous aux fruits

Ingrédients
250 g de semoule complète (grains moyens)
2 citrons
2 mandarines
20 g de raisins secs
30 g de noisettes
125 g de pois chiches
1 c. à s. de cannelle en poudre
quelques branches de menthe
30 cl d'eau minérale (Contrex, Hépar, Courmayeur…)
sel gris

Plongez les pois chiches dans de l'eau froide et laissez-les tremper pendant 12 heures.

Mouillez la semoule et les raisins secs de l'eau minérale avec un peu de sel, remuez et réservez pendant 30 minutes.

Commencez la cuisson des pois chiches à la vapeur pendant 30 minutes. Placez la semoule dans un panier séparé, et comptez encore 30 minutes.

Quand elle est refroidie, mélangez-la avec les pois chiches, le jus des citrons, les quartiers de mandarine, la menthe ciselée. Saupoudrez de cannelle et parsemez des noisettes concassées.

Servez décoré de quelques feuilles de menthe.

Choux sautés

(p. 87)

Brochettes fruitées

Ingrédients
1 poire
1 pomme
2 abricots
4 fraises
1 banane
1 grappe de raisin
4 dattes fraîches
1 orange
2 citrons
1 petit bouquet de menthe fraîche
1 petit morceau de gingembre

Mélangez le jus de l'orange et des citrons avec le gingembre râpé.

Détaillez les fruits en dés. Enfilez-les sur des brochettes en bois en les alternant avec des feuilles de menthe, puis trempez ces brochettes dans le jus.

Passez-les 3 minutes sous le gril du four.

Servez chaud, arrosé du jus d'agrumes au gingembre.

ANNEXES

VITAMINES ET MINÉRAUX	SOURCES PRINCIPALES
Vitamines	
Pro-Vitamine A (elle se transforme en vitamine A)	Légumes verts à feuilles : épinards, choux, fruits et légumes orangés et rouges : carotte, poivron rouge, melon, mangue, abricot… (plus la couleur d'un fruit ou d'un légume rouge/orangé est intense, plus il contient de bêta-carotène).
Vitamine A	Beurre, lait entier, jaune d'œuf, foie, huile de foie de poisson.
B1	Céréales complètes, légumes, fruits, jaune d'œuf, levure de bière, volaille, poisson.
B2	Foie, œufs, champignons, céréales complètes, levure, poisson, lait en pack ou en flacon opaque (qui ne laissent pas passer la lumière), produits laitiers.
B3	Céréales complètes, jaune d'œuf, poissons, légumes secs, germes de blé, levure de bière.
B5	Jaune d'œuf, poisson, viande, céréales complètes, légumes verts, levure de bière.
B6	Poissons, céréales, légumes verts, fruits, germe de blé, levure de bière.
B8	Jaune d'œuf, céréales, levure de bière, riz brun, fruits, noix.
B9	Lait, chou, épinards, germes de céréales, abricots, carottes, haricots, blé complet, œufs.
B12	Crustacés, poulet, poisson, œufs… uniquement dans les produits d'origine animale.

Vitamine C	Tous les végétaux, surtout frais, et particulièrement dans les kiwis, baies (cassis, mûres, framboises...), tomates, poivrons, agrumes (orange, citron), kiwi, fraises, mais aussi persil, choux (toute la famille !), mâche ou cresson.
Vitamine D	Jaune d'œuf, foie de morue, fromage et surtout dans les rayons du soleil ! Ces derniers permettent au cholestérol de la peau de se transformer en vitamine D.
Vitamine E	Huiles végétales, germes de céréales, certains légumes verts et fruits, soja.
Vitamine K	Œuf, légumes à feuilles, laitages, huiles végétales.
Minéraux et oligoéléments	
Calcium	Laitages, sardines en conserves, saumon, fruits secs (amandes surtout), cresson, légumes verts, choux, épinards, eau minérale riche en calcium (de préférence celles où le rapport calcium/magnésium = 2, comme dans la Badoit).
Chrome	Foie, jaune d'œuf, thym, céréales complètes, fruits de mer, viandes, levure de bière. Les sucres et farines raffinés (blancs) n'ont plus de chrome, et nos sols sont pauvres en ce minéral, donc les déficiences sont de plus en plus courantes. Ex : 1 kg de blé entier en contient 175 µg et après le passage au raffinage, il n'en apporte plus que 23 µg !
Cuivre	Foie, crustacés, coquillages, blé, avoine, pain d'épice, escargots, légumes verts, prunes.
Fer	Boudin noir, foie, œufs, viande, huîtres, riz complet, légumes secs (lentilles), cacao, cresson, asperges, poireaux, pommes de terre, persil, céréales complètes, choux.

Fluor	Eaux minérales, thé, sel de table supplémenté, dentifrices, bains de bouche.
Iode	Algues, sel marin, crustacés et coquillages, poissons de mer (en moindres proportions : oignons, navets, radis, ananas).
Lithium	Légumes frais et crustacés.
Magnésium	Eau minérale riche en magnésium (Contrex, Hépar), fruits secs, chocolat noir, légumes secs, pain complet, agrumes, pommes, soja (tofu, yaourt et lait de soja, etc.).
Manganèse	Noix pécan et du Brésil, amandes, orge, seigle, pois cassés, blé complet, noix, épinards, thé, gingembre.
Potassium	Levure de bière, légumes et fruits frais et secs (surtout lentilles, bananes, pommes de terre (peau), abricots, tomates), saumon, foie, volaille.
Sélénium	Céréales, produits laitiers, poissons, viande, germe de blé, levure de bière, ail, oignons, fruits.
Silicium	Céréales complètes.
Soufre	Eau minérales sulfatées (Hépar, Contrex), fruits de mer, légumes et jaune d'œuf.
Zinc	Fruits de mer, foie, viande, poisson, jaune d'œuf, levure de bière, haricots, céréales complètes, légumes secs.
Gras	
Acides gras (oméga 3)	Poissons gras (sardine, maquereau, saumon, hareng, truite, thon, anchois) huiles de lin, de caméline, de colza, de noix, de germes de blé, de soja, noix, mâche.

PETIT LEXIQUE CULINAIRE

AGAR-AGAR : obtenu à partir de la déshydratation d'algues, l'agar-agar est le substitut végétal idéal à la gélatine animale. On le trouve sous forme de poudre ou de bâtonnets, dans les boutiques d'alimentation diététique ou végétarienne, et dans certaines grandes surfaces. Il se dissout facilement dans un liquide chaud (3 grammes suffisent pour 1 litre) et se solidifie en refroidissant.

ALGUES : laitue de mer, Kombu, Dulse, Wakamé, Iziki, Nori, Fucus, Spiruline : découvrez leurs saveurs douces ou iodées, et leur richesse (sels minéraux, oligoéléments et vitamines, beaucoup de protéines et peu de calories). Mais attention : si elles concentrent les minéraux présents dans l'eau de mer (l'iode en particulier), elles accumulent aussi les éventuelles pollutions. Ne profitez pas de votre séjour au bord de la mer pour mettre directement dans vos casseroles les algues ramassées sur la plage. Mieux vaut acheter des produits contrôlés.

CRÈME VÉGÉTALE : préparations diététiques au rayon frais, « crème » au soja en briques ou en pots au rayon bio : vous avez le choix en matière de crèmes végétales. À chaque fois, vous évitez les allergies ou intolérances aux produits laitiers, améliorez le profil en acides gras de votre plat, et avantage non négligeable, ne changez en rien ni son goût ni sa texture.

FETA : cette spécialité grecque est traditionnellement fabriquée à partir de lait de brebis ou de bufflonne. Mais on trouve de plus en plus souvent des fromages industriels, vendus sous l'appellation feta… à 100 % lait de vache ! Décryptez les étiquettes avant d'acheter.

HERBES : soyez intraitable sur la qualité de vos herbes. Menthe, coriandre, persil, ciboulette, cerfeuil… s'entendent fraîches, tout juste récoltées dans votre jardin… ou sur l'étal de votre primeur. À défaut, choisissez-les plutôt surgelées,

mais de grâce, jamais tailladées, rabougries, enfermées dans des petits pots aseptisés... Elles ont alors perdu tout cachet et toute saveur : plutôt s'en passer !

HUILES : d'olive ou de colza, elles s'entendent vierges et de première pression à froid.

LAIT DE SOJA : le lait de soja est celui qui remplace le mieux celui de vache en cuisine, en nettement plus digeste. Ses acides gras sont de loin préférables. On le trouve facilement en boutique diététique ou dans les rayons bios des grands magasins. Son goût peut déplaire. Dans ce cas, passez au lait d'amande.

LAIT D'AMANDE : plus doux que le lait de soja, un peu moins stable à la cuisson, il est recommandé pour les mêmes raisons. On l'achète aussi en boutique spécialisée ou bio. Vous pouvez aussi le préparer vous-même en délayant de la purée d'amandes dans de l'eau.

PAIN, PÂTES, RIZ ET CÉRÉALES, SUCRE, SEL : ils s'entendent COMPLETS et non raffinés. Pour profiter de tous leurs minéraux, nutriments et qualités nutritionnelles. Une habitude d'autant plus facile à prendre que toutes les grandes surfaces proposent désormais ces produits, sans parler, évidemment, des magasins bio et boutiques diététiques.

PAPILLOTES : préférez le papier sulfurisé à celui d'aluminium, une substance soupçonnée de participer à de nombreux troubles et fatigues quand elle est ingérée de façon répétée, même à faibles doses. Découvrez également la richesse des végétaux verts. Salades, choux, épinards et autres bettes forment autant d'enveloppes pour papillotes des plus saines... et des plus savoureuses !

QUINOA : ce n'est pas réellement une céréale, puisqu'il appartient à la famille des légumes à feuilles. Cela dit, ce sont surtout ses graines qui nous intéressent. Très riches en protéines d'excellente qualité, en fer et en calcium, en potassium et en magnésium, contenant les 8 acides aminés essentiels, il ne renferme pas de gluten. Originaire d'Amérique latine, on ne le trouve en France que bio, et bien souvent issu du commerce équitable. Voila ce qui s'appelle cumuler les avantages ! Il se cuit comme du riz, est à point lorsque son enveloppe a éclaté, se déguste froid ou chaud, et, on vous le promet, son goût inimitable plaît vraiment à tous.

Tofu : fabriqué à partir de haricots de soja écrasés, le tofu est une préparation blanche plus ou moins ferme. Très riche en protéines végétales, en phytœstrogènes et minéraux (substances protectrices), il est aussi pauvre en calories. D'un goût assez neutre, il appelle marinades, épices, herbes et se met à toutes les sauces. Vous le trouverez en épicerie asiatique ou boutique bio, et aussi dans quelques grandes surfaces. Il ne se garde que quelques jours au réfrigérateur.

Vinaigrette : délicieuse au goût et parfaitement équilibrée en acides gras essentiels, la vinaigrette de base contient : une pointe de moutarde délayée dans 1 c. à s. de vinaigre ou de jus de citron, émulsionnée avec 2 c. à s. d'huile de colza et 1 c. à s. d'huile d'olive, du sel et du poivre. Herbes fraîches ciselées à volonté, échalotes ou oignons hachés selon le goût.

Zeste : pour prélever facilement la peau des citrons et oranges, qui renferment des composés essentiels aux saveurs inimitables, rien de mieux que votre épluche-légumes ou votre économe habituel. Veillez à laisser le blanc sur le fruit, puis détaillez le zeste prélevé en fins bâtonnets.

INDEX DES RECETTES

Achevé d'imprimer sur rotative par l'Imprimerie Darantiere à Dijon-Quetigny
en janvier 2005 - Dépôt légal : janvier 2005 - N° d'impression : 25-0018

Imprimé en France